2020 年湖北省高校学生工作示范团队成果
（项目编号：20208FTDF3003）

学工手记

张斯民　　毛晶玥　编著

九 州 出 版 社
JIUZHOUPRESS

图书在版编目（CIP）数据

学工手记 / 张斯民，毛晶玥编著 .-- 北京：九州
出版社，2023.8

ISBN 978-7-5225-2053-7

Ⅰ.①学… Ⅱ.①张… ②毛… Ⅲ.①高等学校－辅
导员－工作－研究 Ⅳ.① G645.1

中国国家版本馆 CIP 数据核字 (2023) 第 153312 号

学工手记

作　　者	张斯民　毛晶玥　编著
责任编辑	陈丹青
出版发行	九州出版社
地　　址	北京市西城区阜外大街甲 35 号（100037）
发行电话	（010）68992190/3/5/6
网　　址	www.jiuzhoupress.com
印　　刷	武汉鑫佳捷印务有限公司
开　　本	880 毫米 ×1230 毫米　32 开
印　　张	7.125
字　　数	114 千字
版　　次	2023 年 8 月第 1 版
印　　次	2023 年 8 月第 1 次印刷
书　　号	ISBN 978-7-5225-2053-7
定　　价	68.00 元

前言

时光荏苒，光阴似箭。

距离 2018 年汉江师范学院红星引航辅导员工作室成立已经五年了。《学工手记》既是工作室的成果，又是辅导员的工作心路、辅导员工作心得和辅导员的工作心血。

说是工作心路，是因为《学工手记》记录了一群辅导员从稚嫩小白到业务能手的心路历程。本书收录了工作室成立之初成员们的感言，如《引领成长　助力远航——写在汉师红星引航辅导员工作室成立之初》，记录了工作室获批省级学生工作示范团队的喜悦，如《辅导员工作室成熟的密码》。从幼稚到成熟，从学生事务的琐碎出发，从一份工作案例着手，从一次理论宣讲开始……由浅层次事务的处理到经验性的总结，再到辅导员成长路径探寻，最后到大学生思政教育规律的认知，点点滴滴，追光前行，不断成长。

说是工作心得，是因为《学工手记》涵盖了对学生工作、对辅导员专业化专家化的一些思考。飞速变化着的学生和学生生活的方方面面，要求辅导员不能用一般性经验对待学生问题、处理学生事务，这么做难以满足青年学生的现实需求。因此，我们在复杂而丰富的学生事务里，探索摆脱陷入内卷化的忙碌，不止是单纯地服务学生、助力学生，还要讲好学生故事，着力走好辅导员专业化专家化道路。撰写《学工手记》的成员们普遍经历了经验主义向探求理论规律的转变——超脱学生具体事务，着眼专业化探索，尝试划分辅导员工作领域；建构工作室系列活动，以沙龙、读书班等为载体，组成学习共同体；增进问题思考，借鉴同行经验，固定有效做法，探寻背后规律。这些思考都体现在《"专"还是"转"？——谈谈辅导员的职业发展》《辅导员如何打造个人 IP》等文章中。

说是工作心血，是因为《学工手记》是团队成员平日里几百几千字一点一滴积累而得。谈到这样做的初心，也许正如书中《忙忙忙的辅导员，为什么还要写写写？》所说，我们想把学生事务中的鲜活工作经验记录下来，辐射到更多鲜活的年轻人的青春故事里，帮助他们成长成才；我们想记录青春故事，形成工作成果，与学生共成长，与同行共探讨。学生工作——这种植根于实践，自带青春光芒的经历，值得我们花费毕生心血去探讨、去总结、去付出！

　　本书在工作之余写就，在研究过程中受到了领导、同事、朋友、学生和家人的支持和鼓励。书稿付梓之际，还特别要感谢湖北省教育厅、汉江师范学院校党委、校行政对辅导员支持和关爱。带着这些关爱，我们将继续秉承"艰苦奋斗、百折不挠、无私奉献、团结协作"的师院精神，不忘初心、继续前行！

　　由于自身学识、能力有限，资料冗杂，加之时间仓促，难免存在疏漏之处，还恳请读者不吝赐教，多批评指正。

编者

2023 年 6 月 24 日

目录

【学工手记1】

引领成长　助力远航——写在汉师^①红星
引航辅导员工作室成立之初

一直觉得自己还年轻，恍然已经过了而立。

皮肤不再 Q 弹，身材日渐近环，精力不如以往，然而依然不变的是，敢于勇往直前！

回望作为辅导员的这几年，只有那一张张年轻的笑脸才是我一直坚守的理由和努力的成果。

常常想，

什么是辅导员？

学生需要什么？

我能提供什么？

学生需要什么样的辅导员？

我能成为什么样的辅导员？

没有捷径，唯有努力与付出。努力提升自己的专业知识储备，努力提高自己的解决问题能力，付出自己的

---

① 汉师是汉江师范学院的简称。

爱心和真心，付出自己的热情和温情。

然而，付出不能使蛮力，努力不能无方向。

还好，身边有一群和我一样关爱学生、志同道合、敬畏职业的小哥哥、小姐姐。

大家共同努力、共同成长，共同为了学生的健康生活和成长成才点亮明灯、指引方向。如果说教育的本质是一棵树摇动另一棵树，一片云推动另一片云，那么我们红星引航工作室愿撼动一片森林，铺开一片蓝天。

引领成长，助力远航。我们共同的愿望。

从心出发，开启育人征程

高校辅导员，一个简单称呼，一份看似"简单"的工作，却在学生的成长成才过程中起到了至关重要的作用。辅导员直接指向学生，直面学生的灵魂，引导学生健康成长，助力学生远航，努力成为学生的人生导师和知心朋友。用心工作，从心出发，开启育人征程。

首先，要有爱生之心。一方面，爱是做好教育工作的基础，人们都常说教师职业是一份良心活，心存爱意才能设身处地地为学生着想，帮助学生培养正确的"三观"，树立崇高的理想信念，把握好人生发展的方向。

另一方面，要把学生当人看。认识学生、贴近学生、关照学生、围绕学生、服务学生。学生是一个具有鲜活生命的人，有自己的思想认识，他们不是加工的物品。唯有把学生当人看，才能更好地促进学生的发展。

其次，要有奋进之心。辅导员工作是一项长期而又繁重复杂的工作，需要不断的努力奋进才能不断跟上时代的步伐做好学生工作。要主动出击，把工作做到前面，少做灭火员的工作；要不畏惧，敢为人先，勇挑重担，把工作做扎实，敢啃硬骨头；要自我提升，不断学习，更新育人理念，掌握育人本领，注重育人过程和效果。

最后，要有钻研之心。辅导员的工作虽说主要是实际操作性的，但是也要学会将日常的工作进行归纳总结，不断钻研，提炼出理论精华，上升到理论研究层次，能够更好地指导实际工作。组建团队，强化辅导员工作研究队伍，以实际问题为出发点，深入研究，将研究成果转化应用于育人实践。

汉师的辅导员伙伴们，让我们手牵手，以坚守育人阵地为己任，以促进学生成长成才为出发点和落脚点，从日常的点滴工作做起，脚踏实地，奋力远航。

并肩前行

2018 年，是我从事辅导员工作的第五年。五年里，见证了很多学生的成长，也会有很多喜悦和感动。

但是不可否认，辅导员这份工作是"上面千条线，下面一根针"。我有过对辅导员工作的迷茫，也有累到无力时的困惑，还有压力大到无法睡觉的疲累。

辅导员面临了很多共性的问题，比如学生厌学、旷课，比如学生的情感问题，比如学生林林总总的安全问题，还有辅导员自身成长的问题。

解决这些问题，一个人的思路总是有限的，一个人的力量也总是微小的。

我一直笃信"一个人走不远，一群人才能走得远"。

这并不是我有多无私，或多豁达，而是我深知，在一群人里，每个人都有自己独一无二的资源，当这些资源优化整合时，可以焕发出你可能从来都没有想过的力量。

更重要的是，一群志同道合的人，一起努力无悔地去做一件事，本身就是一件让人特别激动、特别期待的事情。

引航辅导员工作室，与我的同行老师们同行，与我的学生们同行，"路漫漫其修远兮，吾将上下而求索"，期待这条奋斗路上，我也能够遇见更好的自己！

结 语

你不是一个人在战斗，辅导员是一支战斗力强悍的团队！

在汉师红星引航辅导员工作室成立之际，作为一名参与者，我深刻感受到团队的力量。虽然我们每个人有自己处理问题的能力和方法，一届届的学生在我们的唠叨中长大……

但是今天，网络时代的话语权不仅掌握在你的手中，也掌握在别人的手中，新时代需要我们用新媒体来实现学生在哪儿我们的工作在哪儿的新需求！一个人的声音是微弱的，我们期待大家的声音汇聚一首动听的乐章，让我们的大学生朋友找到正确方向！引领思想，筑梦远航。

引航工作室

辅导员的初心是什么?

作为辅导员,我们的初心就是努力成为学生的知心朋友和人生导师,辅导员怎样做到"不忘初心,牢记使命"?我想尝试着用五句话来回答这个问题。

第一,崇高的教育情怀。用情怀做教育,才能把初心守住。职业生涯规划课上,我问学生为什么选择语文教育这个专业。好几个学生说,是因为初中时,语文老师讲课讲的特别好,对她们很关心。她们喜欢语文老师,也热爱上了中文、热爱上了老师这个职业,希望将来也成为一名语文老师,去影响更多的人。这让我很受触动,把课上好,关爱学生,把自己所拥有地传递给学生,正因为有这份情怀在里面,这个老师深刻影响了学生的终生选择。做辅导员也是一样,带着情怀做教育,热爱学生,热爱岗位,就能保持初心,成为学生的朋友。

第二,深厚的服务意识。因为经历所以懂得。走上工作岗位之前,对辅导员的认识是肤浅的。后来真的去做这件事，才发现，事情是如此的繁杂，几百名学生，要把方方面面做好。没有深厚的服务意识是不行的。有这种服务的心态在，我们才会少一些职业倦怠，多一些职业获得感。今年秋季开学，一个学生说她之所以坚定升本这个信念，就是因为和我的一次谈话，那天虽然我很忙，但是仍然耐心地和她做了交流，因为那一次的鼓励，她才坚持下去。当时我突然就觉得有一种温暖上了心，做这个工作是值得的。但回过头想，没有这种服务意识在心里，可能这个学生的状态又是另一个样子了。

第三，扎实的工作本领。在辅导员这个岗位上，我真切体会到，我们要学习的，要掌握的是这么多。一方面是技能上的，另一方面是我们处理问题时的方法套路，这个很关键。不能只做了工作，不去总结。怎么和学生谈话，怎么面对危机问题，怎么把平平常常的工作做得有艺术。这是考验我们的地方，是体现我们工作本领的地方，这方面扎实了，我们才算做得合格，做得稳当。

第四，清醒的反思精神。带完一届学生，今年再带新生，明显地发现学生的变化是很大的。这一届大家想法多，性格更加凸显，维权意识也很强。那就要研究学生，跟上变化，才能把事情做好。带完一届，我们肯定形成了一些方法，一些认识。如果面对新的学生，还是固有的模式，能不能把工作做好，这要打问号？所以要反思，要变化。另一方面，兄弟院校也有很多好的做法，我们要找差距，善于去学习，不能闭门造车。有反思，能学习，研究新对象新情况，才能跟上步伐。

第五，格局的自我突破。辅导员这份工作，一届三年四年。两轮三轮下来，时间就很长了。没有自我突破，很难再继续把这份工作做好。我想这种格局的突破，就体现在工作的过程中，我们逐渐去厘清它的思路，把握它的规律。新中国几十年的发展，逐渐形成了中国道路、中国模式、中国理论、中国方法，这是国家的角度；放到辅导员，辅导员工作和发展的道路、理论、方法是什么，规律是什么。比如引航工作室，特别感谢学校的支持，指路子。我们一起改案例，常常熬夜，也很痛苦。实际上就在做这种探索，这种尝试。这是我们要去突破的，我们慢慢就可能成为行家里手，就专业化了。我们的格局就实现了突破，这是深层次的，思维意识上的改变。做到这一步，无论在什么样的岗位上，都不怕。格局大了，做得精一些，想得深一些，看得远一些，我们就离学生的知心朋友和人生导师不远了。

曾晓东

让暑期"三下乡"成为思政课堂的有效延伸

思政课堂的关键是有效。难点是如何有效。怎样把高深的理论讲得深入浅出，怎样用科学的理论解释世界，怎样传承红色基因，使其代代永续，避免书本与现实"两张皮"，防止"教条主义"和"无味说教"，适应时代变化，讲好中国故事，一直是思想政治教育探索和创新的主题。

暑期"三下乡"活动，把思政小课堂搬进社会大课堂，架构了校内和校外课堂的渠道，联通了理论资源和社会资源，形成了校内外融合的立体化育人课堂。

暑期"三下乡"活动拓展了思政课堂。思政课堂的优势在于理论方面的高屋建瓴，授课方面的系统完整；劣势在于以理说理，纯粹理论灌输，空洞说教，效果大打折扣。大学生利用暑期探访红色基地、走访英模人物、下乡入户干农家活吃农家饭，考察工业建设和重大基础设施，感受家国变化……行为和场景的更替，大大地丰富了课堂内容和形式，起到了理论课堂无法解决的作用。

远离社会，躲进书斋，不问世事，培养的是"书呆子"。而现代社会需要的是，胸怀祖国社会，具有较强社会责任感的建设者和接班人。"风声雨声读书声声声入耳，家事国事天下事事事关心"，暑期"三下乡"活动使广大学生走出教室，亲炙社会，从衣食住行游购娱的细微变化，从"买根葱""订张票""吃碗面""住个店"的日常举动，触摸生活的温度，主动融入社会，主动观察社会，体会社会的快速变化和飞速前进。

改革开放45年的沧桑巨变，中国由"富起来"到"强起来"的生动现实，大学生必须要到已发生且正在发生的社会变化中去，用身、用脑、用心，才能感受社会发展。百闻不如一见，国家的变化，必须要让青年学子置身变化的旋涡。千里之行，始于足下。出发，向各行各业的人学习，向社会学习，正确的观点就蕴藏在路上变化的风景之中。

"纸上得来终觉浅"，所有的理论需要在现实中验证，所有的理论也必须在现实中获得。"哲学家们只是用不同的方式解释世界，而问题在于改变世界。"到农村，进社区，下车间，用丰富多彩的暑期"三下乡"活动构筑"无边界"的思政课堂，提升思政教育的有效性。

张斯民

暑期社会实践课程化：打破"只做不研"窘境

实践是最好的老师。利用暑期，到农村、进工厂、入社区、学雷锋、访红色、温经典，是大学生开阔眼界，增长知识，提升才干的有效途径。然而在实施过程中，也有不尽如人意之处，只做不研、应付差事，浅尝辄止、敷衍了事，为完成任务而实践的情况也时有发生。

推动大学生暑期社会实践课程化，是保证实践效果，避免出现实施的过程中"只做不研"的有效途径。推动暑期社会实践活动课程化，通过建设活动课程标准，明确活动目标任务、主题内容、形式方法等，真正做到课堂内向课堂外延伸，理论传授向社会习得转换，实现课堂无边界，学习无边界。

要明确大学生社会实践课程的目标任务。参照课程设计，规定实践的教学目标，完成的任务内容，实施的路径，开展的步骤，完成的时限。做到目标清楚，任务适当。不打乱仗，咬定青山不放松。

要明确大学生社会实践课程的主题内容。规定实践的教育主题和教学内容。围绕实践的主题，安排实践课程的内容。参照课程设计的模式，内容设计由浅入深，由小到大，由少到多，由简到繁，把典型性和范例性的内容充分考虑和吸纳。比如红色探访，突出"不忘初心"的主题，搞清楚弄明白共产党为民族谋复兴为人民谋利益的"初心"，由此分解主题，安排内容，避免为探访而探访，空手来空手回。

要明确大学社会实践课程的形式方法。把传统意义的课堂搬到现场，放到具体场景，置身革命老区，规定教学活动的方式。课前充分准备，出发之前，查文献，找资料，设问题，体现课程难度。课中精心实施，选定组织人、召集人或主讲人，遇事讨论，现场分享，实地观摩，边看边讲，边看边学，体现课程速度。课后及时反思，经历的工作场景，探访的人物，考察的工矿企业，重温的红色经典，都需要结合问题，结合个人体会、感悟，反复咀嚼消化。一方面抓住规律性的知识，一方面在个人独特经验中获得新知，搜尽奇峰打草稿，形成个人的胸中丘壑，推动学生发展。

读万卷书，行万里路。这是颠扑不破的道理。大学生实践的课程化，叠架了读书和行路的桥梁。既不盲目，也不空泛，实实在在在社会的具体场景中检验、研习所学所知所看，既让学生掌握知识之间的相互联系，更重要的是让学生成为自觉的学习者。

张斯民

暑期社会实践小分队成员走村
串户看什么?

　　社会实践小分队在指导老师的带领下，活动进展十分顺利，取得了不小的成绩，受到了当地群众的热烈欢迎。今天看了同学们发的微博，觉得意犹未尽，仍有说说的必要。

　　同学们微博中推送的帖子存在几点问题：用语不准确，比如把"走访"表述成"出访"，显得不谦虚，主次颠倒；表述不清晰，比如有同学说"村里有了高速"，是高速公路修进村？还是高速公路从镇上路过？看着一头雾水；喜欢用形容词，做修饰性的表述，缺乏客观表述，比如"村民生活很丰富"云云，怎么丰富呢？不知道；善于做一般性的描述，不善于做归纳和分析式的表达，比如"看到了农户用太阳能""看到了农户用汽车"等，这只是现象，还缺乏对现象的分析和思考，以用太阳能为例，是全村人都用，还是少数人用，这都是值得探讨的。

社会实践小分队进村串户不是旅游观光，不是下乡采风，不是浮光掠影，不是嘻嘻哈哈，不是为完成任务而完成任务，而是听民声观民俗，访民情知民意，汇民智启思路，进而感受社会、国家变化，认识国情、了解国情，往大了说是增强发奋学习热情，做革命接班人的自觉性，往小了说是理论联系实际，检验知识，锻炼思维水平，促进个人提高和发展。

张斯民

你就是那个爱唠叨爱惦记的学生
事务安全君吧?

安全重于泰山。大学生安全教育一刻不能放松。耗去辅导员精力的,除了繁重的学生事务琐事以外,更多的是防不胜防的诈骗,鬼使神差的小状况,焦心的学生心理隐患,突发的应急安全事件,让人劳神劳心劳力。做好学生安全教育是学生事务的重要支撑,是辅导员的重要职责。

学生安全教育要不厌其烦。安全教育由于时时刻刻都在提,难免耳朵生茧子,生出疲态。安全无小事。做安全教育,要像人天天喝白开水一样,时时喝,离不得,弦绷紧,不停歇。安全事故往往发生在麻痹大意、敷衍了事,放松警惕的时候。美国杜邦公司重视员工安全,不仅关心员工在岗位上的安全,而且关心员工在公司以外的安全,成为世界上最重视安全工作的公司和安全事故发生率最少的公司之一。杜邦经验就是安全教育随时做，不怕麻烦，不怕唠叨。

学生安全教育要不留死角。安全教育的内容很多，涉及的范围很广，首先要专门做一次普及性的全面教育，包括生命、财产、交际、出行、身心、饮食、用水用电、消防、防盗、防诈骗等。做到面面俱到，心中有数。其次要突出生命安全教育的重点。引导学生珍爱生命、珍惜生命、珍视生命，过好生命的每一天。安全教育的目的和意义也在此。再次，强化学生政治安全。以社会主义核心价值观为统领，引导和帮助学生确立科学的思维方式，不跟风、不冲动，独立思考，坚定走中国特色社会主义道路的自信和自觉。最后，把握阶段性的重点。新生入学以适应性、防诈骗、独立生活为重点，毕业生以工作安全为重点，节假日以出行安全为重点，女生以人际交往为重点，对症下药，辨证施治，目标明确。

学生安全教育要不遗余力。安全教育没有捷径可走，只有勤，经常做，不放松。安全教育没有尽头，只有勤，天天提，不放手。安全教育不求回报，只有勤，天天讲，不出事。融入学习、融入生活、融入成长，教育的内容不变，教育形式适当变化，以案说案，以事说法。适当的消防演练，应急疏散，必要的用电安全、运动安全、饮食安全等方面的常识也须常备常讲。问君能有多少事，安全教育放心间。我们就是一群爱唠叨爱惦记爱操心的学生事务安全君。

张斯民

写给团员：与组织价值观同心同向同行

组织是运用权力、责任和目标来联结人群的集合。组织存在和延续的基础，在于组织所有成员对本组织价值观的认同和恪守。没有对组织价值观的认同，就不会集合在一块；没有对组织观的恪守，就不会相互欣赏相互认同走完一段美妙的旅程，更不会成为相互尊重和眷恋的朋友。

不恪守组织的价值观，偏离或完全背叛组织的价值观，则会导致组织失去战斗力，丧失存在价值，甚至覆灭。中国历史上与之相同的事情何其多。秦二世时，宦官赵高任丞相，专权独断，大发淫威。一天，赵高安排人牵来了一头鹿，他神气活现地对二世说，陛下，这是马。满朝文武明知道这是鹿，却没人言语，纷纷附和，是马、是马。这就是大家熟知的"指鹿为马"的成语故事。当面对是非，组织里没有一个人出来说明真相，为正义而呼，组织覆灭的时刻到了。并吞六国，威震天下的秦，很快覆灭，仅传两代。

明朝末年，明政府与后金努尔哈赤为争夺辽东苦战。当时明代边防岌岌可危，眼看不保，此时出现了督师袁崇焕，一炮将努尔哈赤打死在宁远城下，威震敌胆。努尔哈赤的儿子皇太极利用明崇祯皇帝猜疑的弱点，造谣袁崇焕要造反，崇祯皇帝中计，逮捕袁崇焕，以凌迟处死。杀袁崇焕时，居然北京城的人都来争着抢着吃袁的肉，大臣百姓无一人为袁喊冤。当丧失基本的价值判断，丢掉正义，组织危难的时刻到来。袁崇焕死后14年即公元1644年，崇祯皇帝吊死在北京煤山一棵老槐树下，明亡。

清末，日本和沙皇俄国为争夺远东霸权而开战。战争的地点却在中国的东北。中国人被迫卷入战争。鲁迅在《藤野先生》里痛心地写道："第二年添教霉菌学，细菌的形状是全用电影来显示的，一段落已完而还没有到下课的时候，便影几片时事的片子，自然都是日本战胜俄国的情形。但偏有中国人夹在里边：给俄国人做侦探，被日本军捕获，要枪毙了，围着看的也是一群中国人；在讲堂里的还有一个我。"围观的中国人是麻木的，麻木的看同胞被杀害。当对正义开始麻木不仁，丧失底线，组织灭亡的时刻不远了。日俄战争6年之后，

1911 年，辛亥革命爆发，清亡。

因此，作为组织的成员，什么时候都要恪守组织的价值观。恪守组织的价值观，能够站稳脚跟，不为小利益小纠葛改变操守和判断。只站对，不站队。不要醉心于所谓的小圈子，不要满足于三五个人的团团伙伙，不要留恋当一个"庸俗的好人"、当一个明哲保身的君子，如果自甘堕落、庸俗如此，必然会丧失底线、丧失正义、丧失原则，抛掉组织的价值观，做出非人的举动。

共青团组织的价值观是什么？青春、向上、向善，活力无限。这意味着我们这个组织始终保持坚定正确的政治方向，始终保持朝气蓬勃的活力，始终保持求真向善的追求，始终保持知错就改的勇气。

张斯民

"五位一体"大学生日常思想政治教育

高校作为培养社会主义合格建设者和接班人的主阵地，必须加强大学生日常思想政治教育创新实践，通过构建制度化、精细化、个性化、信息化和品牌化管理，形成"五位一体"的大学生日常思想政治教育创新实践，提高大学生日常思想政治教育的实效性。

制度化管理规范学生行为习惯，
促进学生思想道德修养

高校大学生思想政治制度化，是把大学生的思想政治教育的基本要求纳入正式的成文的规则体系，形成科学的制度体系，实现高校大学生思想政治程序化、常态化和科学化的过程。大学生日常思想教育制度化管理是把大学生日常行为规范化，通过有效的监督和检查达到提高大学生日常思想政治教育的时效性。

制度化管理为大学生日常政治教育的日常活动和工作的开展提供了制度保证，将大学生日常思想教育的内容规范化、法制化、常规化，树立了大学生日常思想政治教育的权威性，从而为大学生日常思想政治教育营造了良好的氛围。

建立健全制度，养成良好的习惯

学校要建立健全各种规章制度，章法严明，通过规范大学生的学习、生活和行为，促使他们自觉遵守各项规章制度和社会公德，逐步养成良好的行为习惯，通过充分发挥大学生的内在潜能，激发大学生自律意识，使得自律与他律相辅相成。

细化规范制度，形成正确价值观

在日常思想政治教育管理过程中，把制度细化，有针对性。制度的制定要符合学生日常管理的实际，让学生积极参与，制定制度的过程也是一种思想教育的过程，让制度更具有接受性，更容易促使学生的遵守。如为了落实升旗仪式培养学生的爱国热情而制定的升旗管理规定；规范学生的养成教育而制定的晨练、自习管理规定、寝室管理规定等，在他律到自律的转化过程中逐步形成正确的价值观。

执行落实制度，构建主流价值观

制度重在落实，在制度执行的过程中发挥团学干部学生组织的力量齐抓共管，相互监督，以助人的角度来落实监督制度的实施。让学生在落实制度中建立互助友爱的人际关系，促进班风学风的有序发展，形成和谐的育人氛围。使教师在监督实施的过程中创造公平、公正的评价机制，引导学生树立正义感，建立符合主流价值观的评判标准。

个性化管理尊重学生个体差异，增强学生个人素质培养

思想政治教育个性化是指在思想教育过程中，以社会主义核心价值体系下的引领，尊重并了解学生的个体差异，为每个学生提供适合的教育，促使每个学生的优势潜能得以充分发挥，弱势潜能得以弥补，促进学生个性化和谐发展。

在大学生日常思想政治个性化管理过程中，要求高校思想政治教育工作者把立德树人作为教育的根本任务，树立人人成才的观念，对每个学生施之以爱、导之以行，为每个学生"把脉"。

个性化实施路径，提升个人素质

从新生入学适应教育阶段开始，根据入学登记表、体检表、心理健康测试、大学生体质测试等评测掌握每一个学生的成长背景、兴趣爱好、性格特征及技能特长等，通过职业规划教育辅导，帮助每一个学生确定初步的职业方向。在此基础上，制定学生个性化成长目标，包括思想素质、专业素质、身心素质、创新素质。

根据不同时段学生思想的特点，从一年级培养学生适应教育与养成教育，二年级实施积累式与导向式教育注重专业学习与实践教育活动相结合提高专业素养，三年级逐步实现学生自我管理自觉学习的主体式教育。通过建立学生信息库，从思想素质、专业素质、身心素质、创新素质四个方面通过测评，学生对照细则，树立远大的理想和目标，找到自身的差距，行自我调整、自我完善，不断提升个人素质。

个性化辅导要点，提高政治修养

学生工作管理者特别是辅导员要熟练掌握每个学生的基本信息，并通过一定的渠道，如信息员制度了解学生的日常思想动态，掌握学生的异动状况。通过学生的考勤管理，参与活动的积极性等方面全方位了解每个学生的真实想法。

建立学生信息卡片，实施学生综合素质测评，通过量化来分析学生差异。有针对性地对学生分层次教育，分兴趣组织日常活动，分类别进行重点指导，力求满足每个学生的实际需求，在自己的兴趣点找到适合的教育形式，根据不同的学生，制定并围绕具体的、不同的工作目标设计教育内容，及时开展教育引导活动，紧跟时代的步伐，密切联系目前高校学生思想实际和身心发展的特点，把时效性、新闻性和传统思想政治内容结合起来，吸引大学生关注思想政治教育内容，将国家大事、百姓难事、感人故事、身边典型引入日常思想政治教育活动，通过实践和积累努力提高学生政治素养。

精细化管理关注学生日常动态，
巩固学生理想信念稳定

大学生日常思想政治教育精细化管理真正瞄准大学生各方面的需要以精心的态度、精确的把握、精细的过程对大学生日常进行细心的教育、细心的辅导、细心的服务，真正把大学生日常思想教育做具体、做扎实、做出成效。在大学生日常学习和生活中，面临着学业、情感、经济、就业等方面的压力和困难。

在大学生日常思想政治教育过程中，要把思想教育与解决学生的实际困难结合起来，从细微小事入手，解决学生的价值困惑，及时肯定符合社会主义价值观的行为，惩罚和制约违背社会主义核心价值的行为，尊重和包容大学生多元化的价值观念，引导学生转变观念，增强大学生对社会主义核心价值的认同，实现社会主义核心价值引领下的多元价值共存。

精细化指导，提升价值认同

为了实施精细化管理，汉江师范学院组建了一支师德高尚、业务精湛、结构合理的政工队伍，从辅导员、班主任到党员干部实施对学生"一对一"的精细化指导。

通过政工干部住寝室、教工党员访谈寝室、学生支部建在寝室，走进学生生活，拉近学生距离，对学习困难、家庭困难、就业困难等困难学生进行精准帮扶教育，及时解决学生的价值困惑，让学生感受到党的关怀和教育的力量。这种以关爱友善的态度，使社会主义核心价值观念融入为大学生办实事，解决学生诉求的过程中，使社会主义核心价值观念深入学生内心，提升对社会主义核心价值的认同。

信息化管理拓宽学生互动交流，
把握学生舆论导向正确

互联网背景下，网络交往成为一种新的生存方式，极大地改变了人们的思维方式和生活习惯，也为交往式思想政治教育提供了现代化的手段，拓宽了空间和渠道。对于目前伴随网络成长，甚至依赖网络的大学生而言，网络将成为交往式思想政治教育的重要堡垒。

网络资源之丰富、信息量之大、传递速度之快，使得网络较为传统教育凸显明显优势，利用网络平台，学生选择的空间更大，能够更好地实现资源共享。因此我们要利用好网络教育阵地，构建思想动态监测预警机制，设立思政学习网站、创新创业、就业指导、心理健康、校园新闻等融思想性、知识性、服务型、趣味性于一体的主题教育网页或网站，微信公众号、微博等，以多种形式来积极引导学生的思想和身心朝着健康的方向发展，延伸大学生的思想政治时空，拓展思想政治教育领域，打造立体化教育平台。

多角度全方位熏陶，引领政治方向

在日常思想政治教育中，学生工作者要适应网络的发展，善于应用网络形成与传统教育阵地互补，开展网络思想政治教育。及时发现网络舆情，根据学生在网上的说说、朋友圈及时发现舆论导向，及时地进行思想引导，同时善于宣传正能量的信息影响学生。如开辟"两学一做"专栏，网络投票评选校园"知行之星"，即从政治学习的高度传播理论知识，又从榜样的力量树立典型，多角度全方位地进行日常教育熏陶，通过日常网络舆论导向引领学生政治方向。

主动开辟信息阵地，宣扬正能量

日常加强网络思想教育要变被动到主动，开辟红色博客，红笔网站，在老师和学生参与写与读的过程中宣扬正能量。汉江师院《红网俱乐部》以短评形式传播正能量，由一批心存正知、正念、正能量追求马列真理的青年师生组成的网络评论写作队伍，通过身边的人和事、新近发生的事公正评价，对学生日常思想教育起到很好的舆论导向。

品牌化管理突出学生专业特色，
促使学生综合素质提升

大学生日常思想政治品牌化管理通过创建品牌活动来实践育人的时效性。创建品牌活动，打造品牌效应。

品牌活动的形成首先要和专业结合，设计符合学生专业需求贴近，学生参与度高、受益人群多的活动；其次要得到主管领导的重视和支持，另外有足够的经费支持，并有一定的激励机制促进活动的开展。如开展与专业相关的文化节、艺术节，原创文化活动等。

构建品牌活动，强化育人功能。品牌活动的开展使第一课堂和第二课堂相互促进，知识教育与德育教育相统一，形成成才教育与成人教育相结合的育人目标，促使当代大学生思想政治教育隐性化的转向，强调载体育人、活动育人、文化育人和艺术育人的功能。解决了为活动而办活动；课堂教学与课外活动两张皮；活动办的越多越影响学生的学习时间、学习兴趣、学习态度和学习成绩的矛盾。

发挥品牌效应，提升育人内涵。通过品牌活动将育人的观念深入人心，将育人的时间分布于整个大学生活的各个时段阶段，育人的空间从教室拓展到寝室、各类实训室和竞技场所，育人的形式拓展到学习和生活的方方面面。结合专业特色和资源优势发掘合适特色的育人之路，让品牌入脑入心。汉江师范学院团委主办的"一二·九"大合唱品牌文化活动，吸引近百学生干部亲自组织，近千学生亲自参与，通过品牌活动宣传近万学生从中了解传唱红色经典曲目的爱国主义教育，从练习到比赛，让学生在活动中理解爱国，唱出感情。日常善于把能够引起社会共鸣，引发广大学生参与的典型事迹和活动，总结出具有规律性、能够教育人、引导人、鼓舞人的精神和内涵。

"五位一体"大学生日常思想政治教育制度化管理是保证，个性化管理突出服务学生的理念，精细化管理营造温馨的育人氛围，以信息化管理拓宽教育平台，品牌化管理走特色发展的日常思想政治教育，强化大学生理想信念教育、爱国主义教育、思想道德修养教育、综合素质提升教育，坚持社会主义核心价值引领，尊重学生个性发展，有效促进大学生社会主义核心价值观的形成。大学生日常思想政治教育通过制度化的规范，精细化的指导，个性化的引导，信息化的传播，品牌化的影响，唤起当今大学生对中国优秀传统文化的觉醒，对社会环境的新认知。树立远大的理想，为实现中国梦而努力成人成才。

张文杰

高校辅导员"网红"现象形成原因、影响及培育路径

高校辅导员"网红"是指高校辅导员群体中的网络红人。近年来，随着互联网时代的发展，出现了包括南航徐川、北京交通大学辅导员张琪、上海交通大学梁钦、江西理工大学饶先发、大连海事大学曲建武等高校辅导员"网红"。本文旨从形成原因、影响和培育途径三个方面全面、深度解析高校辅导员"网红"现象。

高校辅导员"网红"现象成因解析

高校辅导员"网红"现象形成背后有着深层次的动力因素，笔者将从背景、主体、中间推广和受众四个维度入手进行分析，以期对辅导员网红现象形成的动力因素做全方位的描述和阐释。

背景：技术平台打造传播契机。"互联网+"思维

推动思政创新背景是现象形成的基础。易操作、便捷化的技术平台和"互联网＋"下的思政创新是高校辅导员"网红"现象形成的背景原因：技术平台的发展使新媒体的操作变得简单，"人人都有一个麦克风"，部分高校辅导员能操作并运用微博、微信平台、贴吧、网络直播技术；同时大学生也乐于通过这些平台接触新事物、新动态。易操作、便捷化、学生黏合度高的传播平台和互动模式为高校辅导员"网红"打造了传播契机。同时，在"互联网＋"的背景下，针对"大学生无网不欢"的特点，如何顺势而为，充分重视、发挥互联网在思想政治教育中的建设性作用，是大学教育不能回避的重要课题。对于高校辅导员来说，2004年的16号文件，2015年的31号文件，以及2017年的教育部43号令，都强调了网络思想政治教育是当今大学生思想政治教育的一个重要组成部分。在这样的背景下，高校辅导员进行了一系列开展网络思想政治教育的实践，创新了思政工作的内容、方法、手段，赋予了思想政治教育新面孔，也促进了高校辅导员"网红"现象的形成。

主体：高校辅导员自我表达和自我赋权。网红主体是完整的网红传播链条上的起始环节，是内容主动地生产和提供者。高校辅导员主动的自我表达和自我赋权是高校辅导员"网红"现象形成的根本原因。

表达是人类天然的本性和欲望，表达的根本在于自我呈现，即尝试通过一系列的行为方式来告诉外界自己是什么样的人。长期以来，作为"上面千条线，下面一根针"的辅导员工作，容易陷入琐碎的事务性工作中，缺乏专业化职业化的表达方式和路径。影响到了辅导员群体的稳定、待遇、职称晋升等各个方面。互联网平台为主动探索的辅导员提供一个专业化职业化的自我表达空间。凭借学生事务管理的专业水准、个人能力等在网络空间的"走红"背后，是高校辅导员主动在进行职业化专业化的自我表达。

同时，网络生态对社会权利的改造在"网红"群体身上体现显著，在一定程度上打破了传统的评价机制。在网络世界，传统的评估体系和标准都一一失效，取而代之的是不断增长的点击率、转发数、点赞数，是不断增长的粉丝群体和网络社区热烈的互动讨论。在高校辅导员群体普遍职业规划路径不清晰，职称评定、待遇、发展空间等各个方面都还需完善的背景下，高校辅导员探索通过网络平台实现包括自我赋权和群体赋权在内的新媒介赋权，进而打造出广泛影响力，具有价值的个人IP，从而反作用于传统社会。

中间推广环节：逐渐形成的团队运作和新媒体矩阵联动趋势。对于高校辅导员，逐渐形成的团队运作和新媒体矩阵联动趋势是辅导员"网红"现象形成的助推器。对于商业"网红"来说，在资本的介入与驱动下，"网红"开始更多地采用团队运营作战的方式将个人 IP 产品化。背后通常有一整个团队来负责策划、运营。另一方面，"网红"也善于驾驭多平台联动的传播造势策略，在自媒体发展迅猛且受众日趋跨屏的信息获取习惯的影响下，"网红"们已经不受限于在单一平台发布内容，而是趋向于结合自身的特长风格与各类新兴的传播渠道进行有机结合。

相比商业"网红"，高校辅导员"网红"在团队运作的发展还远远不足，绝大部分高校辅导员网红并没有实现相关团体运作；但是已经有"网红"辅导员在探索以平台、项目、技术等方式进行合作，成立项目组、工作坊、工作室等，组建相关团队，并且取得了良好的传播效果。如江苏南京航空航天大学徐川建立"一分钟视频"工作坊，集合团队的力量，用超级玛丽、诸葛亮、音符等有趣元素制作《一分钟"两学一做"》等微视频，受到学生热烈追捧。

新媒体矩阵联动趋势也正逐渐形成，部分高校辅导员"网红"做了很多有益的尝试，如浙江师范大学庄经纬不仅运营微信公众号"庄经纬"，同时也是《今日头条》《简书》《知乎》常驻自媒体人，分答认证答主、千聊微课讲师、有讲微课讲师等，通过搭建育人平台合力构筑辅导员网络空间，实现新媒体矩阵联动；但是也要看到，对于高校辅导员来说，很多"网红"辅导员只运营单一网络平台，新媒体矩阵联动方面还有待加强。

受众客体：聚焦高校辅导员网红拥趸背后的学生心理诉求。受众客体是"网红"传播的目的地，也是"网红"传播效果的最终体现。无论"网红"如何精益求精打造个人创意 IP，中间推广环节如何完善推广，最终为这一切传播现象买单的重点在于受众。"网红"群体之所以能够由互联网的边缘文化现象，走到中心，从根本上讲是契合了受众的心理诉求，因此引发了一场场网络空间下的受众集体狂欢。

高校辅导员"网红"的受众是大学生，只有契合了大学生的内在心理需求，高校辅导员"网红"才能不断延续生命力。而辅导员在与学生朝夕相伴的过程中，最容易发现大学生的心理诉求。辅导员针对大学生内在心理需求，生产传播内容和内容，就会受到大学生的拥趸，成为"网红"。

高校辅导员"网红"对思想政治教育的影响

纷繁复杂的网络环境、多元价值观的传播、网络舆情的爆发与应对，都给大学生思想政治教育带来了挑战。高校辅导员是开展大学生思想政治教育的骨干力量，是高等学校学生日常思想政治教育和管理工作的组织者、实施者、指导者，培育高校辅导员网红，是运用新技术使思想政治教育活起来的选择，也是在"互联网+"时代变思政教育的被动为主动的途径。

传播时代正能量。高校辅导员"网红"是传播正能量的载体，教育部组织的千名高校辅导员"校园巡讲"和"网络巡礼"活动，就把新时代的正能量带进校园、带进学生头脑中。正能量"网红"促进正能量的传播，其符合社会价值导向的成功事迹和积极向上的形象使大学生心理产生强烈的认同感和共鸣感，从而激励着大学生主动学习和效仿他们的行为。高校辅导员"网红"推动了思想政治教育的进步，促进了正能量的传播。

打破思政教育单一模式。思想政治教育的传播过程是有意识、有目的、有计划地把思想政治教育内容传授给受教育者。一定意义上说，与"网红"传播有一定的相通性。然而，网红对受众的吸引力和影响力在一定程度上，已经远超高校思想政治教育对大学生的吸引。培育高校辅导员"网红"可以改变传统的教育方式，由单一向多样、由封闭向开放、由简单的传授方式向民主的交流方式进行转变。高校辅导员"网红"的出现打破了单向的灌输模式，转变为有教学必有回馈的闭环模式，促进思想政治教育模式从单元到多元的转变，思想政治教育的模式更加灵活多样。

引导正确舆论导向。高校辅导员活跃在学生工作第一线，以教师和管理人员的双重身份与广大学生直接面对面，具有成为意见领袖、舆论领袖的现实基础。在网络舆情实践中，高校辅导员"网红"可以作为学校和教育部门引导舆论的桥梁，同时作为舆论与思想政治教育的中介。培育高校辅导"网红"可以根据学生的认知水平和心理需求，用社会主义核心价值体系引领网络舆论，在舆论导向方面做到正确引导。

高校辅导员"网红"培育途径

商业"网红"经过三代变迁，已经从互联网文化的边缘地带，成为互联网中心文化之一，影响渗透于社会生活的方方面面，特别是对喜欢接受新生事物，又频繁接触互联网的大学生影响巨大。培育高校辅导员"网红"，要充分借鉴商业"网红经济"的运作模式和成功经验，盘活高校辅导员资源，创新培育方法、丰富培育环境，主动拓展思想政治教育工作的活动空间和覆盖面，最终达到思想政治教育的目的。

搭建辅导员"网红"活动平台。没了网络，"网红"就失去了生命。搭建"互联网+"辅导员"网红"平台是培育高校辅导员"网红"必要且有效的途径之一。中国大学生在线、高校辅导员在线、高校辅导员联盟等平台利用微信、微博、直播、QQ群等，结合时代特点，构建新媒体矩阵，培育了一大批优秀的高校辅导员"网红"。汉江师范学院搭建红笔网评平台，将学校、师生网评员、广大学生联动起来，为校园"网红"提供传播正能量平台，受到良好的效果。

团队化运作，打造高校辅导员"网红"品牌。对于已有的高校辅导员"网红"，需要团队化运作，从而持续打造品牌，树立品牌标杆。成为"网红"的高校辅导员一般都具有"克里斯马型"权威。克里斯马型权威是指个人凭借超凡的品质、过人的魅力而赢得别人的追随和尊敬。借鉴商业网红的成功的运作模式和成功经验，在网民的注意力成为资源，并且需要争取的情况下，仅仅靠个人的"克里马斯型"权威，"网红"的走红只可能是一阵风。为了避免这种现象，商业网红采取团队化运作的方式，保证"网红"生产内容质量，打造"网红"品牌。这点对高校辅导员"网红"品牌的持续打造具有很好的借鉴意义。高校可以积极鼓励"网红"辅导员成立工作室、工作坊、项目组等，以项目、技术、平台等方式进行团队化运作。

制定高校辅导员"网红"培育利好政策。2017年10月1日正式实施的43号令《普通高等学校辅导员建设管理规定》将网络思想政治教育纳入辅导员工作职责之一，并明确指出将优秀网络成果纳入专职辅导员的科研成果统计、职务（职称）评聘范围。利好政策的制定为辅导员"网红"的培育提供了制度支撑和保障。政策导向决定了高校辅导员"网红"培育工作的深度、广度和效果。各高校在制定利好政策时需做到具体问题具体分析，根据高校辅导员"网红"的不同培育方式因势而新、因时而异。比如可针对辅导员品牌"网红"的构建设立专项基金，支持若干网络文化工作室的品牌建设；针对高校辅导员"网红"，在坚持党性原则的基础上，制定培训、待遇、职称等相关利好政策。

　　高校辅导员"网红"并不是商业行为，所以和商业网红相比有相同之处，但也有不同。深入研究高校辅导员"网红"的形成原因、探讨高校辅导员网红对思想政治教育的影响，借鉴商业网红的运作模式和成功经验，探索高校培育辅导员"网红"的途径，对于在"互联网+"时代下，创新高校思想政治教育发展具有重要意义。培育高校辅导员"网红"，是运用新技术使思想政治教育活起来的选择，也是在"互联网+"时代变思政教育的被动为主动的重要途径。

毛晶玥

MBTI 性格分析助力学生就业创业指导

1921 年，弗洛伊德的关门弟子荣格经过长期的研究，设计了一套性格差异理论，他认为性格的差异是与生俱来的，并且在一个人的一生中相对固定。20 世纪 40 年代心理学家迈尔斯母女在荣格理论的基础上提出了 MBTI 性格类型理论。它揭示一个人深层的"本我"、天性，最本能、最自然的思维、感觉、行为模式，而不是在别人面前所表现出来的行为特征。

MBTI 性格类型理论从能量的来源方向、信息收集的方式、做决定时候的偏好、以及生活态度四个方面对性格进行考量，分别是：能量来源——内向（I）、外向（E）；信息收集——感觉（S）、直觉（N）；决策方式——思考（T）、情感（F）；生活态度——判读（J）、感知（P），由此衍生出 16 种性格类型，通过机测和自测最终确定性格类型。

差异的性格会形成不同的类型，例如 SJ 类型的人注重并试图控制各种具体细节，责任心强，工作勤劳，脚踏实地，比较保守，尊重传统、法律和各种社会规则，循规蹈矩、不愿意冒险和赌博，也很少冲动，这样的人就适合做管理者、执法者等。SP类型的人能敏锐地感知当下实际情况并作出反应，擅长把握和利用机会，喜欢冒险，寻求刺激，喜欢使用技巧。在艺术和运动方面有天赋，不喜欢常规、循规蹈矩，这样的人就适合优先探索艺术类工作，慎重考研读博；谨慎从事研究、研发、架构类工作。NF类型的人想象力丰富，追寻生命的意义，关注灵魂、信仰，洞察他人内心，真诚、无私。这类人适合做老师、哲学家、作家，咨询师等。NT类型的人使用概念和逻辑，借助抽象模型帮助思考，对事物背后的规律感到好奇，喜欢且善于构建系统以分析复杂事物，冷静、永不慌张、喜欢怀疑、批判和辩论，适合做策划者、计算机、科学研究、建筑师。

MBTI性格类型理论作为员工和管理层自我发展、改善沟通、提升组织绩效的重要方法，被许多公司引入使用。在我们日常学生工作中，也可以根据MBTI的性格分析理论来帮助学生成长。

可以根据MBTI的测试结果，对学生进行更贴合本性的规划，在平时能力培养方面可以更有针对性地进行培养。学生干部选拔方面，SJ 和 NT 类型的学生就可以作为管理、策划层进行互补。在特殊学生转化这一方面，可以更准确地根据学生的本性确定方案。在团队组建方面，比如"大学生互联网 + 创新创业大赛"的团队组建，除了专业技能特长之外，需要 ENTP 这类最具有创意的人，也需要 ISTJ 这类一丝不苟，极度严谨的人。在进行就业指导的时候，面对学生职业生涯的困惑，是考研还是工作？是从商、从教？还是从政？是做管理还是走专业技术？都可以根据 MBTI 给出建议，比如在企业中TJ 可以走管理路线，FP 走专业技术，ESTP 天生的生意人，NF 从教，SJ 做公务员等。

MBTI 只是为你点一盏灯，告诉你前面的路况如何，但到底走哪一条路，还在于个人自己的选择。不同类型的人在同类工作中会表现出不同的特点，都能够发挥出各自的优势，做出自己的贡献。

彭涛

我们离成功的"互联网＋"创业项目还有多远——宜昌高校创业指导人员培训心得

我们离成功的"互联网＋"创业项目还有多远？

培训地点位于宜昌市夷陵区的湖北省交通职工教育培训中心。刚下车就被宾馆的美丽壮观的景色吸引了，这个宾馆客房旁边就是长江三峡，我立刻就开始搜索回忆自己知道的描写长江三峡的诗句，什么"巴水忽可尽，青天无到时""两岸猿声啼不住，轻舟已过万重山""何当共剪西窗烛，却话巴山夜雨时"等等诗句情不自禁脱口而出，在客房吹着顺江而来的微风，看着一艘艘货船穿梭在两山之间，发现再美的诗句都描不出现场那种奇妙的感受。

培训主要分了两个阶段，第一个阶段的课程是朱若霞老师的"MBTI 性格分析理论及案例"，这个阶段的内容彭涛老师讲得非常到位了。我主要来谈谈第二阶段课程高洵老师的"国家及省市创业大赛案例分析和参赛辅导"。

我对高洵老师的第一印象就是三个词："胖胖的""很可爱""磁性声音"。了解他的身份背景后才知道他是一个不折不扣的"大神"。普林斯顿大学博士后毕业之后，清华大学曾提供优厚的待遇挖他，结果为了"当初的约定"，他还是回到了自己的母校——武汉大学。三十多岁破格评上了武汉大学副教授，也是教育部全国万名优秀创新创业导师，教育部创新方法应用优秀指导老师，入选武汉市"黄鹤英才"人才计划，主持指导"以电动汽车智慧充电网络建设与运营"项目，指导学生获得全国首届"互联网+"大学生创业大赛全国总决赛金奖（创意组获奖百万分之二）。

高老师通过国家级创业大赛的选题、组队与获奖项目案例分析，跟我们进行了全面分享，下面我讲一下我的几点感想：

"互联网+"创业离我们远吗？

"互联网+"代表一种新的经济形态，即充分发挥互联网在生产要素配置中的优化和集成作用，将互联网的创新成果深度融合于经济社会各领域之中，提升实体经济的创新力和生产力，形成更广泛的以互联网为基础设施和实现工具的经济发展新形态。

简单地说就是利用互联网平台，让互联网与传统行业进行深度融合。

举些例子：互联网＋批发零售＝淘宝、天猫、京东；互联网＋通信＝腾讯QQ；互联网＋KTV＝唱吧；互联网＋电视＝Netflix、乐视；互联网＋房地产＝搜房、安居客；互联网＋汽车＝汽车之家、易车网；互联网＋文学＝起点、盛大文学；互联网＋美食＝大众点评、美团；互联网＋相亲＝世纪佳缘、珍爱网；互联网＋银行＝网银；移动互联网＋批发零售＝手机淘宝、微商；移动互联网＋通信＝微信；移动互联网＋房地产＝房多多、丁丁租房；移动互联网＋二手汽车＝优信拍、车易拍；移动互联网＋美食＝美团、饿了么；移动互联网＋金融＝支付宝钱包、小米金融；移动互联网＋汽车＝Uber、滴滴快的、嘀嗒拼车。

大家看看这些例子，其实虽然"互联网＋"这个概念我们还有些陌生，但是这些东西已经实实在在影响了我们生活的每一方面了。

文科为主的学院适不适合"互联网＋"创业？

高老师给我们分享了历届创业大赛获奖名单，大家发现几乎全部都是理科类的专业。于是培训的老师们得出了一个结论，我们文科类院校不适合这种创业。

其实获奖名单里边也有非理科的项目，比如：北京邮电大学的"果酱音乐"、华南理工大学的"荔枝微课"、云南大学滇池学院的"云南最火的罗三长红糖馒头"等等。其实有好的项目、好的团队，一样可以有机会获奖。

"互联网+"创业比赛仅靠学生就可以做成功？

这是一个错误的概念，回想起我见过的周边学校组织的创新创业大赛，基本上都是靠学生单打独斗。一个成功的创新创业团队肯定是要有指导老师，必须有牵头负责人，团队的任何一个角色都是需要严格挑选的。

创业团队可以跨专业系别去找，甚至可以跨学校去组织自己的团队，只要牵头负责人是某个学校就可以作为这个学校的创业项目。另外学校的相关部门一定要挑选优秀的专业教师进行技术支持，专业指导老师也可以成立一个指导团队，负责项目技术顾问的、负责广告宣传策划的、负责销售顾问的等等。

我的创业项目跟"互联网+"无关。

毕业以后还能参赛吗？

我有一个2010级的会计专业的学生，家是农村的条件也不好，毕业之后去白浪养黑毛猪，经过几年的辛苦打拼，买了房有了车娶了媳妇。我经常鼓励他回来参加创新创业大赛，他的回复都是"我一个毕业的，又是养猪的"不合适吧。

高老师讲到毕业内五年的都可以代表学校参加创新创业比赛，基本上任何一个项目都可以往"互联网+"方面进行包装的，近些年不少农村的养殖、种植户跟电商合作都取得了不错的成果。

吉林动画学院的"互联网+国风漫画创作源计划"项目，前段时间和《战狼2》团队进行深度合作，并取得成功，这个项目已经比学校还有名了，学校的招生咨询异常火爆。说明打造一个成功的"互联网+"项目不仅对学生和老师有影响，也会对学校产生深远的影响。

我们离成功的"互联网+创业项目"到底还有多远？其实就差一个包装、一个团队、一批指导老师。

彭阳

肩负使命，接续奋斗——参加湖北省第七届高校辅导员素质能力大赛之感悟

强化理论学习，提升理论素养

理论来源于实践，又指导人们从事实践活动，通过实践工作再反思凝练升华。"理论一经掌握群众，就会变成物质的力量"，"理论只要能说服人，就能掌握群众；而理论只要彻底，就能说服人。"作为高校辅导员，要想搞好学生工作、思想政治工作，都需要坚实的理论功底作为基础，没有好的理论思想作为指导和引领，很难提升工作的高度，很难从全新的角度去做好学生工作，用扎实的理论功底教育引导学生、"掌握"学生。那么，高校辅导员要学什么呢？

首先，要研读一系列理论，尤其是理论原著。我们可以从理论原著中汲取深厚丰富的思想指导，以更好地促进学生工作的职业化和专业化。理论宣讲环节更加考

验辅导员对于理论的掌握和理解程度，以及整合、运用能力。

其次，认真学习党和国家相关的政策文件，只有自己深入学习了这些文件，才能更加规范地做好学生工作，更能熟练地处理遇到的一些问题，更能体现学生工作有规可依，在学生面前更有"底气"。就辅导员素质大赛而言，决赛中笔试的选择题有很大一部分就是考察辅导员对政策文件的学习和掌握熟练程度。

注重平时工作，提升综合能力

辅导员的工作离不开大学生日常思想政治教育、管理及事务性工作，这些平时工作是做好学生工作的基础，离开了平时工作辅导员将无法立足。辅导员素质能力大赛考察的不仅是理论方面的掌握水平，而且也是辅导员综合能力的展现。从平时工作出发，日常做了哪些工作、处理了哪些学生事务，可以说在大赛中就能充分地表现出来，这是短时间无法恶补上来的。因此，作为辅导员不管是从大赛还是从育人能力来说，通过日常工作凝练提升总能力都是至关重要的。辅导员的综合能力包括了谈心谈话、案例分析与处置、危机事件应对、网络思想政治教育、班团管理与建设、文化传承与发扬、心理疏导、个人本领、临场应变与发挥、信息整合、领导能力等。

加强工作研究，提升育人能力

作为辅导员，不仅要注重日常学生工作，更重要的是要通过平时工作，积累经验，将经验上升到理论研究的高度，然后更好地指导工作，提升育人能力。辅导员的工作研究可以关注辅导员队伍自身发展和学生发展两个大类进行研究，研究可以是运用定性研究和定量研究，充分运用问卷调查法、观察法、文献研究法、跨学科研究法、叙事研究等。

辅导员素质能力大赛不能代表辅导员育人工作的全部，只能说它是辅导员教育生活的一小部分展示方式，我们真正的着眼点要落在学生工作本身，立足本职岗位工作，根据自身学校的层次，根据自己学生的特点，用适合辅导员自身教育引导的方式方法，在育人的过程中提升自我，在提升自我的同时更好地提高育人质量，让学生真正感受到切实的获得感。

路漫漫其修远兮，吾将上下而求索。我将在辅导员的育人道路上肩负使命，接续奋斗，继续前行，戒骄戒躁，不为别的，只为尽心尽力，真心实意地谋求学生的发展，为他们答疑解惑，为他们指引方向，让他们成长成才，将来为国家、民族、世界做出更大的贡献。

王思源

辅导员如何打造个人IP

辅导员 IP 是辅导员一种个性化、差异化、人格化的存在。"南航徐川""仍然在路上""饶先发""华农鑫巴",湖南大学"金大团"都是辅导员队伍中优秀的个性化 IP 品牌。

正如徐川在全国辅导员年度人物答辩会上的演讲所说,"能够走进对方内心,除了陪伴,还要讲故事,讲方法,把墙变成桥,把我变成我们"。辅导员打造个人或团队 IP,凭借专业水准和个人能力,能够成为学生中的人生导师和知心朋友,赋予思想政治教育鲜活的面孔。怎样去打造辅导员个人和个性化的团队 IP?笔者认为至少要做到以下三点:

第一是要聚焦学生心理诉求。受众客体是 IP 传播的目的地,无论如何精益求精打造个人创意 IP,中间推广环节如何完善推广,最终为这一切传播现象买单的重点在于受众。高校辅导员的受众是大学生，只有契合了大学生的内在心理需求，高校辅导员 IP 才能不断延续生命力。而辅导员在与学生朝夕相伴的过程中，最容易发现大学生的心理诉求。辅导员针对大学生内在心理需求，生产传播内容和内容，就会受到大学生的拥趸，成为具有特色的 IP。

第二是要注重自己核心能力的培养。作为"上面千条线，下面一根针"辅导员的工作，最容易陷入琐碎的行政工作中，疏忽对自身辅导员职业核心能力的积累。而打造个性化 IP，提高专业水准和能力，不仅要埋头苦干，也要抬头看路，很长时间，高校辅导员其实是一个很尴尬的存在，在学生眼里，他是解决一切问题的钥匙，而在专业教师眼里，则是"不知道他们每天在忙啥"的存在。缺乏专业化职业化的表达方式和路径，已经影响到了辅导员群体的稳定、待遇、职称晋升等各个方面。提笔能写，开口能说，勤于总结，善于钻研……这些职业核心能力要求辅导员既要脚踏实地，也要仰望星空。

第三是要形成团队运作和新媒体矩阵联动趋势。对于高校辅导员，逐渐形成的团队运作和新媒体矩阵联动趋势是辅导员 IP 打造形成的助推器。相比商业 IP，高校辅导员 IP 在个人和团队运作的发展还远远不足。对于商业 IP 来说，在资本的介入与驱动下，商业 IP 开始更多地采用团队运营作战的方式将个人 IP 产品化。背后通常有一整个团队来负责策划、运营。商业 IP 也善于驾驭多平台联动的传播造势策略，在自媒体发展迅猛且受众日趋跨屏的信息获取习惯的影响下，已经不受限于在单一平台发布内容，而是趋向于结合自身的特长风格与各类新兴的传播渠道进行有机结合。目前，已经有辅导员在探索以平台、项目、技术等方式进行合作，成立项目组、工作坊、工作室等，组建相关团队，并且取得了良好的传播效果。如江苏南京航空航天大学徐川建立"一分钟视频"工作坊，集合团队的力量，用超级玛丽、诸葛亮、音符等有趣元素制作《一分钟"两学一做"》等微视频，受到学生热烈追捧。

根据高等教育发展趋势，一是中国高校课堂教学未来之争在线上。当线上的课程可以折算成学分后，线上课程有品牌、有特色的高校和老师就会处于竞争优势，按流量计算学费和薪酬的互联网教学模式可能会颠覆我国高等教育；二是高校的实践教学未来之争在线下。千百年来，教师在教育教学中起到的是主导者和知识传授者的作用，但随着社会的进步，教师的角色和作用正在发生重大的变化。传统上，虽然有资历和职称的差别，但是所有的教师都几乎做着同样的工作，但是教师队伍日趋分为授课教师和辅导教师两大类，一些讲课能力强、水平高、能够契合学生需要的教师将主要担当起授课教师的角色，除了面授，这类教师的讲课视频将通过互联网等技术手段广泛传播，满足广大学生的需要。而许多教师将承担起辅导教师的角色，针对学生的需要进行辅导，满足学生的个性化学习需求。所以，高校的实践教学未来之争在线下，实验室、实践教学内容、实践教学师资都是决定学生是否选择的要素。

高校之争历来是品牌之争，双一流、985、211 都是品牌的间隔，没有 IP 的高校和创业公司就不会快速搭建和传播自己的品牌，没有 IP 的教师面临着职业的危机。正如教育课堂需要名师一样，辅导员队伍中也需要拥有一批有专业能力、有职业担当的名师。通过这批有影响力的辅导员打造个人和个性化团队 IP，可以增强大学生思想政治教育工作的感染力和影响力。然而个人和个性化团队 IP 的打造也并不是一蹴而就，需要辅导员有意识地逐步塑造个人的人格魅力，并且形成团队运作和新媒体矩阵联动趋势，同时契合学生心理需求。期待越来越多拥有个人鲜活 IP 的辅导员出现在大学校园里，成为学生心目中令人敬佩，争相学习的人生导师和知心朋友！

毛晶玥

唯有爱和尊重，才能《都挺好》

前一阵子网络上十分火热的电视剧《都挺好》圆满画上了句号，但是我相信他们对美好生活的向往和追求永远不会画上句号。

这部电视剧最初是在被人的推荐下才开始看的，刚开始感觉剧情不怎么样，但是看着看着苏明玉和苏大强的角色吸引了我，最后一集看到记忆丧失的苏大强为苏明玉买习题集，我彻底泪目了，在苏明玉身上仿佛看到了辅导员的影子。

苏明玉，家里的老小，本应该跟她的名字一样被父母当成一颗掌上明珠，但因为性别等原因，让她遭受了种种不公的待遇。经过自己的努力和奋斗，克服家庭、环境的障碍，坚韧蓬勃成长。她，刀子嘴豆腐心、外冷内热、不离不弃、办事干练、忍耐、执着、冷静，爱恨分明、自强独立、心理"强大"、从不"愚爱"、温情款款，貌似家里的事情跟她没有任何关系，但是内心深处却无法阻挡对亲情的渴望。苏大强，胆小、懦弱、自私，面对老婆对女儿的不公平待遇，一味地退缩、回避、自保，妻子过世后，又在儿女面前各种"作妖"，要求子女满足自己各种无理要求。

大哥被公司裁员，她帮大哥找了份工作；二哥暴打了她，最后还是原谅了他；大嫂为父亲买房子，偷偷买下了家里的老房子；苏大强搞投资上当受骗，她出钱把被骗的钱"还给"了父亲；蔡根花的出现让父亲感受了从未有过的"幸福"，但当她发现苏大强一无所有，"无情"地把苏大强赶出了家门，苏明玉最后承担起照顾父亲的责任；二嫂因苏明玉公司的矛盾丢了工作，她在背后让二嫂升职加薪；二哥的事业投资失败，跟上司结下了梁子，被公司开除，甚至在业内都无法找到工作，苏明玉在背后解除了矛盾，找了工作，苏明成也开始改变；为了维护公司、师傅的亲情做了一次"恶人"；父亲苏大强患了阿尔茨海默症，记忆力快速退化，最后连女儿都忘掉了，苏明玉辞去了工作一心扑在照顾父亲的事情上……苏明玉表面上总是说"苏家的事情跟我没任何关系"，但是她对家人、对亲情的渴望从未停歇，通过自己的努力最终收了自己一直所向往的家庭的温暖，也让她过上了"最温暖的一个新年"。

说到这里，让我不禁想到了辅导员，想到辅导员的付出和努力，他们何尝不是渴望自己的学生更加优秀，更加成熟，更加上进，能够顺利毕业，适应社会，找到满意的工作，舒心的生活，找到属于自己的幸福和归宿。

辅导员在育人的过程中难免会与学生产生诸多的问题和矛盾冲突，正是因为爱，对学生的这份执着的爱，会出现这样那样的不愉快。表面上辅导员可能与学生有距离，可能不会让你感觉不那么在乎你，但在辅导员的内心深处时时刻刻为学生着想。辅导员宿舍钥匙丢了开不了门、厕所堵了、手机丢了、身份证掉了、生病了、家庭有矛盾、恋爱分手了、心理压力大、学生关系不好、挂科了、受伤了、打架了等等。手机 24 小时开机，哪怕是凌晨三四点只要学生需要也会第一时间赶到学生身边。这一桩桩一件件看似"琐碎"的小事，但在辅导员心里学生的事情无小事，都会付出百分之二百的努力和责任为学生解忧，学生的事情就是辅导员的事情，时时刻刻抓住育人的机会，最终的目的都是为了让学生变得更好，从不放弃任何一个学生。

学生是人，辅导员也是人，或多或少都有其不足之处。学生是一个成长发展过程中的人，大学是他们世界观、人生观、价值观成熟稳固的关键时期，辅导员对于他们的成长具有不可或缺的作用，更是不可替代的，因为辅导员是离学生最近的人，最了解学生的，最能体会学生的酸甜苦辣。可能在日常具体的事物中，这种爱、这种在乎表达的方式可能不尽相同，也有可能不是每个学生都可接受的，但是我想说的是，辅导员的本意都是为学生考虑，相互理解、相互体谅、相互关心、相互尊重，这是最佳的师生关系状态，但是人无完人，总会有所出入，不可能完全达到每个学生心中的预期。辅导员不是万能的"神"，不可能包办一切，当矛盾冲突、问题出现的时候，多一份理解、体谅、包容、尊重、关怀就显得尤为重要，这也是师生关系达到最佳状态的良药。

爱，这份不离不弃的爱，是老师从事育人工作的基石，而这颗石头种子，需要师生共同的浇灌，不管谁付出的多一些还是少一些，只要为对方着想，只要爱还在，只要共同的努力，这颗石头种子终会结出美丽的花朵。

最后，苏明玉原谅了苏大强，原谅了苏明成，放过自己，靠近亲情，师生之间何尝不可以这样呢？幸福生活永远在路上，每一天的点滴，其实就是幸福之所在——都挺好。

王思源

让学生在成长路上"有幸遇到我"

汉江师范学院首届辅导员论坛上，党委书记纪光录向参训学员们提出了"有责、有为、有戒"的要求，希望全体辅导员要担负起为学校贡献智慧和力量之责、为培养学生成人成才之责；要有新担当新作为，洞悉学生工作的规律；要公道正派、守住底线、严于律己，做好学生的人生导师；希望我们的辅导员能够让青年学生感到"在大学有幸遇到你"。

教育部 43 号令《普通高等学校辅导员队伍建设规定》对辅导员的职责是这样定义的：辅导员是开展大学生思想政治教育的骨干力量，是高等学校学生日常思想政治教育和管理工作的组织者、实施者、指导者。辅导员应当努力成为学生成长成才的人生导师和健康生活的知心朋友。

可见，高校辅导员集大学生思想政治教育者、社会道德培养者和大学生职业规划辅导者多重身份于一身，其政治素质、能力水平、职业素养在很大程度上直接影响着高校学生思想政治教育的整体效果，直接关系到大学生能否健康成长，关系到能否培养出德才兼备、全面发展的中国特色社会主义事业的建设者和接班人这一重大政治任务。

因此，努力为大学生的成长成才提供有力的支持和帮助，让学生在最应该增长本领、获取知识的大学时光得到有益的引导，让学生感到在成长之路上"有幸遇到你"是一名辅导员应该遵循的基本标准。

要有理想信念，充满育人情怀。"立德树人"是高校的根本任务，这就要求高校辅导员坚定对中国共产党的信仰，坚持以马克思主义为指导，坚持不懈培育和弘扬社会主义核心价值观，做社会主义核心价值观的坚定信仰者、积极传播者、模范践行者。孔子曾说："士志于道""朝闻道，夕死可矣"，意思是说为了实现理想，即使是付出生命的代价也在所不惜。作为大学生的知心朋友和人生导师，辅导员要始终将党和国家的利益放在首位，始终坚定共产主义的理想信念，始终肩负立德树人的光荣使命。

要有仁爱之心，保持育人热情。43 号令指出辅导员的工作要"围绕学生、关照学生、服务学生"。要做到真正服务学生，就必须具备仁爱之心，将自己的耐心、爱心用于帮助学生解决生活、学业、情感等方面的难题上，帮助大学生健康生活、健康成长。思想政治工作的主体是人，对象是人，出发点和落脚点也是人，一切环节都围绕人而展开。只有见人见事、入情入理，才能掌握思想政治工作规律，找到有效途径。脱离了人，思想政治工作就会空对空，投入的人力物力再大、付出的时间精力再多，最终也会失去目标，偏离方向，成为无源之水、无本之木。因此，辅导员的工作更要走心、用心、贴心，在对待学生时将心比心、由己及人，关心学生、爱护学生不能流于表面，应该真正从内心深处关心关爱学生，以心换心方能建立和谐的师生关系，在彼此信任、互相交朋友的过程中做好学生思想政治工作。

要有扎实本领，提升育人水平。"教师是人类灵魂的工程师，承担着神圣使命。传道者自己首先要明道、信道。高校教师要坚持教育者先受教育，努力成为先进思想文化的传播者、党执政的坚定支持者，更好担起学生健康成长指导者和引路人的责任。"所谓"传道者自己首先要先明道""教育者先受教育"，意思就是指为人师者必须要持续不断地学习。另外，时代的变化、科技的进步、价值观的多元化、新时代大学生的个性化差异化，无一不需要辅导员从多个角度进行知识更新，思路拓展。

"全国高校辅导员年度人物""全国优秀教师"曲建武老师曾经说过：辅导员好不好，总归在学生的口碑里。学生真心喜欢你、说你好，才是真的好。纵使你拿再多的奖、荣誉和优秀，也抵不过学生对你说一句"老师，我爱你！"

作为一名辅导员，自当在学生工作实践中认真反思和研究"为谁培养人、培养什么样的人、怎样培养人"这一时代课题，用理想信念引领学生、用仁爱之心滋养学生、用扎实本领服务学生，让学生在自己的成长之路上发自内心的感觉到"有幸遇到你"！

苗纯娇

教育的光是可以传递的

十天前，最年轻的马云教师奖获得者——蔡明镜回来了，在南风剧场"湖北省播种希望与未来"义务教育教师招录巡回报告会上，我又看到了她。远远地偷瞄她一眼，是她哎。现场人很多，她和报告团成员交流着，我也没有上前打招呼，还是不打断她罢了。报告会开始了，她是第一个分享发言的。我听的特别认真仔细，总感觉不像是她。还好，真的是她。是我认识的她，她和4年前毕业的时候一样，温暖纯真。

7年前，在学院的迎新点，我第一次看到蔡明镜，感觉这个姑娘非常独立，虽然有父母陪伴，但还是坚持自己拿行李，一个人冲在前面，办报到手续、走入住流程，风风火火、干脆利落。

军训期间竞选班委，蔡明镜被选上了班干部。工作上认真负责，私底下爱笑爱闹，有她的地方，总是会有乐观积极的笑声。

大学生活开始了，在她们这批班干部的带领下，我们班还在校报上获得了一个称号，叫"校服里的青春"。因为大一一整年，每周升旗仪式，我们班都着校服参加升旗仪式。时任校团委书记张斯民老师印象就很深刻，评价该班是一个有着独特气质的班级。在大学这个相对自由的环境下坚持统一着装，靠的就是一份自觉，一份责任。

大一期间，我们学院举办了"宿舍之声"活动，这也是文明宿舍活动月的特色活动之一。蔡明镜寝室的八个姐妹，在她的带领下，表演了一曲自编自导的舞蹈串烧，勇夺一等奖，燃爆了全场。

荣誉的背后，也有坚持和汗水。这一个舞蹈里，有同学因为担心不同风格的舞蹈串烧难以驾驭，想过放弃。负责整个活动的我为她鼓气："永远不要放弃你所坚持的，哪怕是失败，也不要放弃。"后来她坚持了下来，每天晚自习带着室友练舞。事后合影的时候蔡明镜对我说，谢谢你，老师。我笑着说，必须的。

大一下学期，我们一起组织策划班级活动——和辅导员一起游戏。我们组织全班同学在田径场开展团建活动，玩儿得不亦乐乎。

大一结束，我为自己带的大一学生开了一场特别的班会——大一总结班会。班会上，我向学生们展示了大一时光里一起经历的点点滴滴，总结大一的时光，得到与失去，微笑与泪水。蔡明镜被选派为班级代表上台发言

可是，她没有来。开完班会后，我联系她，询问没有到的原因。原来，室友发烧，蔡明镜放心不下，在宿舍陪伴，放弃了现场发言的机会，但是她却获得了珍贵的友情——当初因为发烧被照顾的室友，如今也时常为蔡明镜鼓劲加油。

临近实习时，她问我。我应该选择什么实习岗位好，我告诉她，"你学的小学教育专业是培养全科人才，进到小学以后不是你选择岗位，而是岗位选择你。"毕业后，我知道她去了村小。而且坚持了4年之久，在一个偏远的乡村教学点，默默奉献无悔青春。

"白日不到处，青春恰自来"。她用四年的时光为大山里的孩子开启了一扇通往知识与未来的大门，将教育之光传递到大山的微风中，孩子的眼睛里。

在别人眼中，蔡明镜是最年轻的"马云乡村教师"奖得主。在我眼中，她还是那个勤学好问的学生。工作以后，我们也经常联系。她告诉我，多亏自己在学校几年的学习，又当语文老师、美术老师，还教过音乐课、

舞蹈课。上学时学的那些技能课全部派上了用场。毕业后，她也没有停止学习，积极钻研信息化教育新技术，为大山的孩子们插上梦想的翅膀。

恍惚间，报告会顺利结束。我等到全场所有听众走后，终于有机会走上前和她交流，我却说：好久不见。蔡明镜哈哈大笑，说："老师我在台上看到你了，好紧张呀，你还是老样子没变。回到母校好开心，这次能遇到你实在是太幸运了。欢迎到我的学校，去看看我的学生们！"你看，她还是那个乐观积极的她，我也还是我。想要说很多话，却一时间说不出来。嘴笨的只会说："累不累，走去我办公室坐坐，看看。"

六年前，我在台上讲话，她在台下聆听；六年后，她在台上报告，我在台下回忆。有时候，我会想，教育的光，真的是可以传递。那个 7 年前懵懵懂懂的学生，已经成长成为一个用爱传递梦想的优秀教师。她为山里的孩子们带去了光，带去了希望。

担任辅导员的这些年，虽然事务繁杂，操心不断，但是我一直热爱着这个工作岗位。因为这是一份眼中有光，心中有爱的职业。在蔡明镜这样一批批优秀的学生上，我看到了：教育的这种光，原来是可以传递的。

年初学校辅导员工作论坛上，党委书记纪光录语重心长地对全体辅导员提出了"有责、有为、有戒"的要求，要有担当，有作为，做好学生的人生导师，能够让青年学生感到"在大学有幸遇到你"！我想，这就是教育之光，在爱和被爱中成长，在信任和执着中坚守。

对了，本周六，我就要去彭家沟小学了，去看望蔡明镜和她的学生，去看看那个挥洒无悔青春的半岛。

教育有光，薪火相传。

张宇

辅导员工作室建设要立足"小而精"

今天，引航辅导员工作室举行工作沙龙，是学校给工作室授牌后的第一次交流，是第一次真正意义上的活动，标志着汉江师范学院红星引航工作室正式开张大吉，结束了过去四处游击的状态。也为我们正在辅导员群体中全面推进的工作室建设、探索路径、确立模式提供了参考。

工作室选定的沙龙主题切中工作实际，各位同仁交流的经验都是看家本领、不传之秘、宝贵经验，对我们准备申报新一轮省厅学生思政项目提供了很好的借鉴。申报成功的项目，一般具有四个特点，即有工作基础，不是无中生有；有专业特色，不是空中楼台；有国家热点，不是闭门造车；有团队支持，不是单打独斗。这些关键点，值得我们注意。

教育部对辅导员的要求和定位是专业化和职业化。辅导员要努力成为学生的人生导师和知心朋友，必须围绕思政，价值引领，党团和班级建设，学风建设，学生日常事务管理，心理健康教育与咨询工作，网络思政，校园危机，职业规划，理论和实践研究等工作职责，开展工作研究。学中干，干中研，以研究促进工作，提升工作能力。成就学生，也成就自己。要成就学生，首先要充实自我，既是职业要求，也是自身发展的需要。

引航辅导员工作室着眼提升辅导员的职业能力，我赞成这个定位。在新的时代背景下，工作室是集众人智慧，抱团取暖，优势互补，发挥专长的好平台。一个人单打独斗的时代过去了。

辅导员工作室的建设要立足"小而精"。我们不追求场面宏大，不推崇高深玄妙，不盲目创新出巧。大家来自实践，实践是最好的老师。我们要做的是，及时回应工作中的困惑、难点，及时总结工作心得，及时推广身边同事的好做法、好经验。

什么是小？紧扣工作实际，紧盯工作重点。在工作实践中，关注思政现实中的热点，但是不要追逐热点。热点追不完，也追不上，追得人心累意烦，完全没有必要艳羡那些逐浪的事情。咱们有所为，有所不为。辅导员工作的所有领域，不是我们都能发声，都能有效的。要建立在我们熟练的业务基础上，紧紧围绕九项辅导员工作职责，围绕工作的痛点，比如职业素质修养提升、心理问题学生的识别和处理、班团会、围绕院系中心工作，找结合点，找兴趣点，沉下心把一项工作的"小麻雀"解剖透。

小并不排斥大。从低处切入，高处着眼。对辅导员而言，落实纪念活动，靠说大道理不行，靠喊口号不行，如何在历史语境、现实情境中与我们的工作实际相交，是工作智慧。现在的做法是"快闪"——让年轻人置身一场仪式中，用仪式的细节熏陶年轻人，从而把教育落在实处。大总是从小处来的。

什么是精？管用，实在，有效。是师院的经验，师院的办法。每个学校有不同的实际，学生特点各有不同，管理方式各不一致，生搬硬套在兄弟院校成功的经验，在我们学校有可能水土不服。要针对不同的实际，探寻贴合学生实际的管理办法，解决学生实际问题，解决现实问题。我校特点是女生多，专科生数量比较大，学生素质参差不齐，显然女生教育管理和专科生的就业指导是工作的重点。能把这些问题解决好，就是管用的好办法。

要贴近学生的实际，贴合学生的特点，贴近我们的工作，不好高骛远，不追新逐奇。如果是管用、实在的，那么往往是有效的。考评辅导员工作好坏的标准，落脚点在所服务管理的学生群体身上，即学生政治风貌良好，安全稳定，学风优良。如果所服务的学生频频出问题，那么工作室再好的成果也很难让人信服，也很难说这个成果是好成果。

总之，我们总结的经验、探究的规律，建立在自己的工作之上，才是有说服力的。辅导员工作室来自于工作，又高于工作，离不开大家的勤干勤思，离不开学工人的团结一心。今天的沙龙开了个好头。我们把这个模式固定下来，每月开一次沙龙，轮流主持，风雨无阻。

最后，祝汉江师范学院红星引航工作室取得更多的成果。

张斯民

为什么要铭记历史？

古人云：欲知大道，必先为史。

今天我们就来说一说，为什么要铭记历史？

铭记历史，是要我们寄托哀思，凝聚民族精神。

铭记历史，不是为了激发民族仇恨，而是为了更加清醒认知，"落后就要挨打"，想要屹立于世界民族之林，受到应有的尊重，就要强大自身。血和泪的历史是我们今天前行的动力，为了不再受压迫，不再被侵略，我们就要努力建设中国，只有让自身强大起来，才能够更好地保护自己，开创和平美好的未来。

铭记历史，是要我们不断前行，实现民族复兴。

新中国刚成立之时，政治上孤立无援，经济上积贫积弱，面对种种困局，我们立下了"一万年太久，只争朝夕"的誓言，取得了一项又一项让世界震惊的成绩。

毛主席诗中曾写道："风雨多经人未老，关山几度路犹艰。赖有龙腾兴盛世，披涛斩浪更扬帆。"今日之中国，已在风雨洗礼中脱胎换骨，从青涩少年蜕变为强壮成年，变得富强，变的自豪。我们铭记历史，不是为了让后人活在仇恨之中，永不释怀；也不是为了对抗、冷战，闭关锁国；而是为了铭记在国家危亡时刻那些浴血奋战、视死如归的英雄们；是为了铭记"落后就要挨打"这个残酷道理，缅怀先烈，珍视和平，自立自强；是为了更加珍惜今日之盛世，砥砺前行，实现中华民族伟大复兴。

所以，一定要铭记历史。

苗纯娇

辅导员蜕变之路

鲁迅曾说过："其实地上本没有路，走的人多了，也便成了路。"辅导员的工作道路何尝不是呢？记得2014年9月，我作为辅导员新人刚入职，转眼间4年多的时间匆匆而过。从一个辅导员新手，整天与学生一起摸爬滚打，到如今成为学生的"孩子王"，我每天都在忙忙碌碌中度过。这个过程看似只是时间的问题，其实不然，这是一个从身心全方位蜕变的过程，在工作中不断地打碎自己再重新整合，虽说有这样那样的辛酸和艰辛，但心底从未放弃对辅导员这个职业理想的追求。我一直在苦苦思索到底应该做一个什么样的辅导员，我想不外乎以下几个方面。

坚定理想信念，做有信仰的辅导员。高校辅导员是大学生日常思想政治教育的组织者、实施者和引导者，也可以说辅导员是高校思想政治教育的先锋，具有干部和教师的双重身份，对学生成长成才起着至关重要的作用。高校辅导员要坚定理想信念，做有信仰的辅导员，从自身工作的点滴出发，扎实做好大学生思想工作，为培养德智体美劳全面发展的接班人而不断努力。

提升理论素养，做有思想的辅导员。作为高校辅导员，外行看来不就是找学生谈谈话、开开班会、查查课、逛逛宿舍，没有什么难度，而且干完这些就可以坐在办公室喝喝茶、玩玩电脑了。我想说的是这只是辅导员工作的很小的一部分。辅导员工作内容之复杂、境遇之艰辛、难度之高，我不想多说什么，也许只有干了这一行的人才会有深刻的认识和体会。要想做好辅导员工作，做好学生服务工作，做好学生引导工作，无不要求辅导员有较强的政治理论素养，提升思想认识，多思考、多反思、多践行，才能促进学生的成长，才能为我们的教育事业贡献一点力量。做有思想的辅导员，要多看、多学、多积累、多总结、多凝练、多升华、多实践，反反复复，既教育引导了学生，又不断提升了自己。

从服务学生出发，做有情怀的辅导员。"情怀"，即"怀情、情之怀"。做一个有情怀的辅导员，必须从服务学生出发，因为辅导员工作的出发点和落脚点都是学生，离开了学生我们什么也不是，学生正是需要我们的教育引导，我们才有了辅导员这个光荣而骄傲的称号。因此，辅导员不管想什么、做什么，工作中都要以服务学生为己任，服务的目的在于促进学生成长成才，把他们培养成为对社会、对国家，乃至对人类有用的人。坚守初心，对工作充满热情和责任。我们要对每一个学生负责，他们把自己大学宝贵的四年时光交给了我，我就要为他们而充满激情和热情、为他们而挥洒汗水；坚持真心，有教无类、因材施教、教学相长。用一颗红热的真心对待每一位学生，与学生心连心，用一颗心温暖另外一颗心，不管是学习好的，还是学习不好的；不管是听话的，还是调皮捣蛋的；不管是身体上、心理上、思想上有什么困惑的等等，要把他们放心上，有教无类，并要针对不同状况和特点因材施教，促进学生的发展。我们虽说的学生的老师，但从有些方面，学生反而是我们辅导员的老师，在教育引导的过程中要相互学习，向学生学习，也不失为一种"教育"。

经验凝练升华，做研究型的辅导员。随着时间的推移，我们的工作年限在拉长，在这一过程中我们积累了大量的宝贵经验，这些经验有些是可能是整块整块的，有些可能是碎末的，有些可能是意识不到的，我们需要将这些意识到抑或意识不到的经验深入发掘、凝练总结，升华为做学生工作的理论体系，做一个研究型的辅导员，唯有这样才能让辅导员的道路走得更远、看得更远，才能不断地提升育人质量。如果长期只是仅凭一点经验做辅导员工作，时间久了会失去方向，会迷失自我，甚至忘记我们是谁。做研究型的辅导员，要善于积累、善于反思、善于抓住本质、善于用理论解决问题、善于形成系统性的理论，为辅导员工作展翅高飞插上翅膀、提供力量。

练就十八般武艺，做坚守阵地的辅导员。有人曾经问我："你是干什么的工作的？"我说："高校辅导员。"然后他就用一个"哦"字，结束了我们的谈话。让我有点伤感和失落，但是我能理解他的"哦"。如果回应别人的这种"哦"，我们唯有练就十八般武艺，坚守住辅导员这个重要阵地，不断做出成绩，让辅导员成为学生、学校、教育事业不可或缺的部分。也有人说辅导员是一个"杂家"，我想这里的"杂家"就是指辅导员工作人的繁重而杂乱，辅导员只有具备了处理应急各种事务的能力，包括个人本领，才能更好地教育学生，我们要坚守好高校育人的首要阵地，地基牢固了，才能更好地建设好高等教育这座立德树人的大厦，为中华民族伟大复兴的中国梦增光添彩。

王思源

就业创业指导工作应做到"广、精、深"

近期参加了湖北省普通高校大学生就业创业指导人员培训班，听到部属高校专家的报告茅塞顿开，观看部分创新创业获奖案例解析，不禁惊叹这些学生的智慧"只有你想不到，没有他做不到"，高校培养创新型国家建设需要的高水平创新人才已经是大势之趋。在与其他学员的交流中，作为普通高校的辅导员群体，面对严峻的就业创业形势，我们需要更加重视大学生就业创业工作，做好学生的职业规划与就业创业指导。教育部令第 43 号令《普通高等学校辅导员队伍建设规定》第二章第五条辅导员的主要工作职责第（八）款是：职业规划与就业创业指导。明确要求"为学生提供科学的职业生涯规划和就业指导以及相关服务，帮助学生树立正确的就业观念，引导学生到基层、到西部、到祖国最需要的地方建功立业。"高校辅导员在就业指导工作中只有做到"广、精、深"，才能让学生从严峻的就业形势中脱颖而出，明确自己的成长方向。

广

"就业是民生之本，就业稳则心定、家宁、国安"。做好学生职业规划与就业创业工作一方面我们必须全面地了解分析现阶段大学生就业形势和政策，了解国家总体就业方针，对于各行业领域的就业创业信息进行及时的关注和了解，对市场的发展趋势进行有效的分析和把握，及时联系相关的用人单位，了解最前沿的创业信息，将这些创业的信息及时地传递给同学们，比如2017年12月《教育部关于做好2018届全国普通高等学校毕业生就业创业工作的通知》（教学〔2017〕11号）明确指出高校毕业生未来的发展方向：鼓励毕业生服务国家发展战略，引导毕业生到重点领域就业、新兴领域、国际组织任职。引导毕业生到基层就业。促进以创业带动就业。面对这一形势把握就业方向，做好学生思想工作，加强大学生社会责任感教育。

当代大学生肩负着国家的希望和民族的未来，"少年强则中国强"，引导学生到基层、到西部、到祖国最需要的地方建功立业，培养学生正确的择业观。另一方面充实自己的知识储备，加强自身就业创业相关知识的学习，包括心理学、社会学、人际交往关系学等学科知识的了解，从而有效地对大学生进行就业创业的教育，提高大学生的创新能力和创业能力。

精

准确的了解和掌握学生的个性特色，有针对性地开展就业创业指导和帮扶。辅导员是学生工作的一线人员，通过日常的谈心谈话，结合学生自身的兴趣、特长、价值观、能力等方面因素，制订一套适合学生自身特点的职业规划，将学生就业能力与成长成才结合起来，最大限度地发挥自我价值与社会价值。另外，学生入校时就应适时树立学生的"人生规划"意识，培养学生健康的心理意识和解决问题的能力。

现阶段行业对就业人员综合能力的要求越来越高，沟通能力、团队协作能力、再学习能力、诚信意识、工作责任感成为求职能否成功的关键因素，所以在日常的学生工作中除了学生专业技能培养的同时，做好学生思想道德教育，要教会学生"谋事之才"，更要让学生懂得"立世之德"的重要性。

深

全面了解国家政策，深入指导学生就业创业。

首先面对"大众创业，万众创新"新形势，作为辅导员应该转变工作思路，冲破传统就业思想的桎梏，深入研究大学生创业意识的重要性，培养学生的创业意识和兴趣。根据学生实际情况，帮助他们转变就业观念，引导学生学习大学生创业知识，积极探索，勇于尝试，真正通过学生创业促进就业。

其次要全面深入的了解大学生创业优惠政策、工商营业手续的办理，大量的收集就业创业成功案例，深入学习掌握完整的大学生创业项目选择、SWOT性格分析、计划任务书、市场风险评估等相关问题。引导学生了解创业环境，特别要重视创业学生的心理疏导工作，防范被蝇头小利所惑，帮助学生明确长远的安排和目标，以求可持续的发展。就我个人而言，辅导员工作需不忘初心，用心去对待每位学生，教育引导学生把握好人生的发展方向的同时不断地完善自我，提升自我。

付亚珍

校园心理剧：用自己的心去感受生命的活力

校园心理剧寓教于乐，对于未历世事，身处社交媒体兴盛时代的很多同学而言，既陌生又新鲜，既快乐又悦见，它是学习心理健康知识，学习调节情绪的一个好形式。

大学是青年的转型期，应该如何选择，路该怎样走，这都是无法逃避的问题。大学生涯对每一个人来说，都是无法割舍的人生体验。在这里，青年学子们要开始独立面对生活，自主解决人生难题，但当青年们面对生活时，会发现"生活之舟"是那么复杂，有时甚至有些难以驾驭。要摆脱困境，就应该掌握驾舟的技巧，以积极心态和健康的心理素质渡过人生的大江大河。

校园心理剧作为独特的一种形式，用故事讲道理，以剧情诉衷肠，通过舞台演绎青年人在成长过程中所感受到的各种心理问题和解决方式，启发青年人的思考，为青年学生面对人际、职业规划等问题作好心理上的准备。剧本仔细斟酌剧中人物的心理变化，努力将人物的内心世界刻画到淋漓尽致；剧情贴近校园生活，带领青年学生徜徉于奇妙的心理与艺术海洋之中。引发思考的同时，让剧中人和观众学会更多的调节技巧——不仅要学会助人、关爱别人，更要学会自助，学会关爱自己，毕竟自我的力量是最无法战胜的力量。

生命孕育着生机。我们这一生，也是由一幕幕心理剧组成，一生漫长，人是生命舞台中的即兴演员，角色的体验、演变、感悟、唤醒无时无刻不在上演。但是，珍爱自己，关爱他人，用自己的心去感受生命的活力，去享受身心健康的快乐和生活的美好，永远是人生这部心理剧的主旋律。

张斯民

送兵记

两天，送了三场新兵，被感动着，感染着。10 日中午，欢送仪式之后，新兵进入专门的火车室。妈妈送儿当兵，儿子穿着一身崭新的军装，坐在整齐的队列里涕泪横流。大大咧咧，任性随意再也没有了，人啊，在一刻间长大。兵者，国之大事。教师节送健儿戎马，更加难忘。

11 日凌晨 4 点，带着 10 个兵，排成一列，步行前往火车站。初秋的风微凉，街道失去喧闹的往常。大家的话少。妈妈跟着，爸爸伴着，姐姐相随，爱人切切叮咛……还没到广场，先到的新兵已经集合正熟悉入伍誓词，吼声剖开夜空。家长、亲人团团围在方阵的外面，有人举着手机拍摄，有人偷偷抹去眼泪。报告、发言、宣誓、讲话、奏乐，接兵干部带人上车。天色渐亮。黄色月台分界线，把军营和家庭分开。站在车厢外挥手，车厢内是熟悉的、陌生的小伙子的面孔，他们的眼光热切，前一刻还在嘻嘻哈哈，这一刻眼神急切地分开窗户与我们亲密握手。家国的情绪，在初秋的早上滋蔓。

16时，第三次跨上月台。同事帮着分开人群，和车厢里学校的小伙子们一一握手，车厢内的空调没有开，每个人都湿漉漉的。挥手作别，我和同事都忍不住泪目。

十年学生工作生涯，每一件事能获得全新的体认，增加对工作本身的感知，像年份老酒，陈酿醇厚。热爱能够克服一切困难。

张斯民

今天，我们需要什么样的军训

大学生军训由于学生的身体素质承受能力差，担心出安全事故，步步后退，变成最简单的科目。如何将军训落到实处，让学生受教育，不流于形式，不走过场，是军训组织者直面的问题。军训要与集体主义，团队精神结合起来。大学生入校后的第一课是军训。人生地陌。军训迅速把几千来自四面八方的同学组织起来，编制进去，由一盘散沙变成有团队有集体有归属。序列形成的过程，要加入班排命名、班排口号、班排展示的环节。巧用"三湾改编"的革命传统，大家在齐心协力中完成任务，初步形成战斗力。

军训要与爱国主义教育结合。训练的时间临近国庆，节日氛围浓厚，是开展爱国主义教育的最佳时机。把全体学生置身在军训的形式中，喊口号，走队列，唱红歌，祭英烈，升国旗，看影片，讲历史，爱国主义的情愫埋在每一场活动里，让学生的体验真切，让学生的情感升华，激发学生的思考，深植爱国主义的情感。

要创新军训的形式。军姿、队列、内务固然重要，但是自中学以来每个阶段都操练，难免枯燥。实弹射击减去以后，军训内容更显单独。适当引入企业团建的内容，凸显团队精神，强化协作意识。结合现实青年特点，设置张扬个性的环节，让青年人充分释放和表达。与教师节、与中秋节、与反法西斯战争胜利日相结合，感恩教育，弘扬传统，前事不忘，实现塑形与塑魂统一。

张斯民

忙忙忙的辅导员，为什么还要写写写？

开学季应该是辅导员最繁忙的季节了，在忙碌的开学季，引航辅导员工作室开辟了一个专栏，叫作《学工手记》，可以说是"自讨苦吃"。但也是一个提醒——再忙忙忙，还是要用碎片化的时间去想一想，写一写。

忙忙忙的辅导员，为什么还要写一写？我自己的体会有以下几个方面的原因。一是学生工作记录的需要。43 号令规定了辅导员的九大工作职责，涵盖了学生成长成才的方方面面。我前段时间整理办公室，发现了带这几级学生时，学校印发的辅导员工作日志。上面事无巨细地记录了每天工作的要点、完成情况、学生的小故事、签到的记录，读来历历在目。如果不是"好记性胜过烂笔头"，估计很多有趣的工作经历和学生的成长故事都会掩埋在岁月里。

二是学生工作经验总结的前提。对于辅导员来说，鲜活的工作经验是素材，是财富。这些经验植根于实践中，有成功的经验，也有失败的教训，花费了大量的时间和精力，来之不易，需要倍加珍惜。如果能够记录下来，找到其中的规律和理论支撑，就能形成可以复制、可以推广的成果，让更多的学生受益。

三是辅导员自身成长的需要。写写写的这些年里，网文、网评、论文、项目申报书……无论是写哪种类型，都有一个深刻的领悟，就是越写越知不足，越写越熟练。我曾经和朋友感慨过，几个星期前写的东西，回过头再看，总是会有很多问题。朋友总结说这也是一种成长。每天几百字，一个星期就是几千字，一年就是十几万字。我们往往羡慕别人厚厚的专著，而这些专著也是平日里一点一滴积累起来的。

但是也要警惕一种倾向——只写不做，只空谈不实干。如果一位辅导员老师工作总结得再好，理论水平再高，学历再高，但是在学生工作里只是"辛辛苦苦培养自己，马马虎虎培养学生"，从近期工作来看，存在着学生管理极大的风险隐患，从长远来看，这种工作作风对所带学生的影响也是不容小觑。

忙忙忙的辅导员，还是要写写写。从实践中来的鲜活工作经验，辐射到更多鲜活的年轻人的青春故事里，帮助他们成长成才，"写"是其中一个必不可少的环节。

记录青春故事，形成工作成果，与学生共同成长。"写"也是其中一个必不可少的环节。更何况，学生工作——这种植根于实践，自带青春光芒的经历，确实也值得我们去好好写一写。

毛晶玥

学工办主任的角色定位

　　学生工作办公室（以下简称学工办）是高校二级院系负责学生事务的桥头堡。学工办主任坚守桥头阵地，上承学校学生工作安排，下接辅导员和学生，上传下达，协调关系，推动工作。学工办主任角色定位准确与否，关系院系学生工作顺利开展，学生事务效率高低。

　　学工办主任是院系学生事务的组织者。学校、院系的工作意图得以实现，需要学工办主任组织辅导员、学生组织、学生骨干和全体学生，调动积极性，拧成一股绳。

　　学工办主任也是院系学生事务的执行者。党的教育方针政策，院系的工作任务，思想引领，日常事务的推进，学生谈心谈话，评优评先等等，都要一一完成，执行到位。

　　学工办主任是院系学生事务的领导者。相对于院系总支书记或副书记，学工办主任是下级。对于一般辅导员，学工办主任是上级，是同事，是战友。贯彻学校意图，把握工作方向，向上争取资源，协调同事关系，指导新同事，协助院领导。特殊时刻，还能靠前指挥，独立处理学生突发事件。学工办主任官小责任大，事重任重锻炼人。

张斯民

倾听工作室：解惑花样年华的那些小烦恼

作为师范院校，汉师的校园里从来不乏女孩子的身影。本应无忧无虑享受大学时光的她们，却可能因为缺乏生理卫生知识，被一些妇科疾病困扰，甚至影响正常的学习生活。在日常的学生工作中，作为辅导员的我常常遇到这样的情况。

一场虚惊带来的苦恼

小 Y 是个有"文艺范"的姑娘，写得一手好字，性格开朗的她与同学们相处也十分融洽。一天下午，她却哭着鼻子来办公室请假，我几次询问之下，她才红着脸说，自己近一年没有来例假。不知道怎么处理，只能在网上查询，本应开朗活泼的她最近因为这件事情，没有办法正常学习，整晚失眠。

在我的建议下，小 Y 前往医院检查，经检查，小 Y 被确诊为"多囊卵巢综合症"。这个陌生的名词让她越发的恐慌，医生说如果药物治疗效果不理想，则要为她进行手术治疗。就医结果像晴天霹雳一样，小 Y 的情绪越来越不稳定，常常一个人躲在宿舍哭，请假成了家常便饭。

回校后，我除了帮助小 Y 分析她患病的原因，告诉她在积极治疗后疾病的预后情况并没有那么可怕，鼓励她多参与班级集体活动（特别是户外活动，肥胖是此病最常见的成因，控制体重对此病的预防和治疗都起着十分重要的作用）；我还联系到小 Y 的母亲，此时她最需要妈妈的安慰和帮助。

履行完请假手续后，她在妈妈的陪伴下回家做进一步的诊疗，目前，小 Y 的身体恢复了，一直紧张的心情也渐渐平和下来。

一次难言之隐带来的困惑

F 是班里的主要班干，平日里性格大大咧咧，不拘小节，男生们都敬她是条女汉子。

某日，F 逃了一节课神神秘秘摸到办公室来找我，一向活泼开朗，跟我无话不谈的她，低头坐在我身边，半天一言不发。一再追问后，她不好意思的说，自己大腿根长了鸡蛋大的一个包块，疼痛难忍，走路摩擦到更是疼得钻心。有同学看到她怪异的走路姿势，关心地问了一句她是不是不舒服，她一时不知怎么回答，便吼了一句"要你多管闲事"。事后又十分后悔，出言伤害了关心她的同学，让她懊恼万分。

医院检查，她觉得自己是个在校学生，病在私密的部位，实在不好意思让医生看诊，害怕医生误会她生活作风不检点。

F来自偏远的山区，家里孩子多，父母花在她身上的时间和精力本就少得可怜，更别提有这方面的关心了。我告诉她，女孩一生的幸福，要从关爱自己的身体开始，正确的认识自己，了解自己的身体，接纳自己的缺点都是女孩子们一定要做到的。以平常心面对疾病，积极治疗，才能保持身心的健康。在我的劝说下，F到市里的三甲医院进行了患部切开排脓治疗。休养一周后，回到班里上课的F又继续风风火火的和同学们打成一片。

在日常学生事务管理中，辅导员除了要做好学生的思想政治教育工作，同时也要帮助学生健康快乐的成长。关心他们的成长和成才，辅导员责无旁贷。这些女孩儿所表现出来的心理问题，多是由身体上的疾病引发的。要进行这类心理问题的干预，首先就要做好生理卫生知识的普及，让女孩们能够正视自己的身体，以平常心看待常见、高发的疾病，并且积极就医治疗，将疾病所导致的心理问题的可能性最大程度的降低。

接下来，我们工作室也会推出校园常见妇科疾病的专业科普短文，方便女孩们在生活中及时发现和预防疾病，让她们如花的青春绽放本该属于她们的光彩。

肖笛

初心始，行必远——怎样开好
新生第一节班会？

军训结束后，大一新生们马上就要进入崭新的大学生活。新生第一节班会是"扣好大学生活的第一颗扣子"，好的开始是成功的一半。所以新生第一节班会讲什么，怎样讲需要辅导员认真琢磨，有效组织。

新生第一节班会，要和学生们先聊一聊大学生活与高中生活的几个不同。比如学习方面：在学习内容上，由"基础性"转变到"专业性"，在学习方法上，由"学什么"转变到"怎么学"，在学习态度上，由"要我学"转到"我要学"；人际交往方面：由"一元化"向"多元化"转变；生活方面：由父母包办的家庭生活变为独立自主的集体生活……讲清楚这些不同，可以帮助学生有意识地不断适应变化，更快更好地融入大学生活。

新生第一节班会，务必要帮助学生们树立规矩意识和底线思维。万事无规矩不成方圆。"凡事预则立，不预则废。"学生日常事务管理方面，大到几百上千人的大型学生活动，小到学生个人请假，日常教学、自习的纪律底线，涉及人身、交通、财产的安全底线……如果规矩不立好，底线不划定，就会由一个个试探底线的小问题，演变成积少成多的大问题。

新生第一节班会，最重要的是为学生们点亮理想的灯，照亮前行的路，把个人的理想追求和国家、时代结合起来。"志不立，天下无可成之事。"在大学里，做什么人，走什么路，获得什么收获，追本溯源，与个人最初的理想和初心有很大的关系。其次，还要教会学生要将远大抱负和脚踏实地结合起来，人生之路，不可能一帆风顺，眼界要开，视野要广，不屈从一时一地的苦难和挫折，不斤斤计较个人私利的多与少、得与失，一步一个脚印，脚踏实地地去实现青春梦想。

班会的育人效果也与班会的组织形式有关。在信息资讯发达的网络时代，把道理讲好，让学生入脑入心不是一件容易的事情。通过小故事，讲述大道理，感悟身边事，体会大变化，开发新形式，带去新感触，需要台下耐心细致的组织策划和平时日常工作的点滴积累。

好的开始是成功的一半。初心始，行必远——帮助新生迈好大学生活的第一步，是新生第一节班会的主题和要义。

毛晶玥

把坚守写到底

《一生只为一事来》，讲述的是女教师支月英扎根山村学校潜心育人的故事。

这是一场坚守。她从城里来，到大山上教书。破床烂桌子，饭菜辣死人，愚昧旧习俗，穷根不读书……同行被吓退，支月英选择登山，独自留下。她也不是没有退缩过，也不是没有动摇过，也不是没有被亲情打动过，历经抉择，"只要心里有上山的路，就能越走越高"，她这么想，也这么干。她一字一句地教学生读书，朗朗的书声，就像春天的雨水，滴落在地下，能生稻麦，能生希望。三十年山村教师路，八千里春风化雨情，支月英完成了师者的职业坚守。向同仁致敬。

支月英的坚守是递进上升的。进大山伊始，她是怀着一股子年轻人的冲劲，初生牛犊不怕虎，翻山越岭，站在三尺讲台，是青春的坚守。当激情消退，平凡涌来，乡亲们不解，同行责难，学生顽皮淘气，把她逼退，退往山下准备回到城里，在路上她又战胜自我返回山村讲台，是责任坚守。这一站，就与学生的琐碎、教师的生活相协调相平衡。崇高容易被日常所遮盖，当能够从日常里突围，吹尽狂沙始到金的是崇高。她和亲情别离，她没顾上家庭，她种下每一颗希望的松树，她呵护学生的子女，作为教师，一份独有的职业坚守油然而生。三次同为教育者，与其说不是没有热情四溢的坚守，不如说是难以从日复一日、月复一月、年复一年的琐碎、枯燥、忙碌和倦怠里始终如一，恪守育人的初心。

做学生事务教育、管理和服务，与学生相伴，促学生发展，共学生成长的点点滴滴，是初心之旅，也收获职业的成就感、幸福感和荣誉感。回到育人初心，是把学生的冷暖放心上，心系学生，情牵学生，走近学生，热爱学生。把握育人初心，是适应学情变化，更新工作观念，丰富职业内涵，提升职业本领，创新工作方法，把对职业的操守大写到底。蝶变，破茧而出，她完成了坚守的升华。

张斯民

做学生拔节孕穗期的守护者，何其幸哉！

　　七月的天，格外蓝，格外热，给我们的走访之途增添了"热度"。高铁、包车、徒步……沥青路、水泥路、土路……高楼、山间、乡野……

　　"王老师，你们到了吗？我马上出来接你们。"听着电话另一头小凤急促的脚步声，心头暖暖的。"王老师，往左看，我就在路边。"穿过稻田一条新修的路的另一头，小凤同学远远地一边招着手一边朝我们奔来。"老师们，辛苦啦！我家就在前边。"脸庞上的笑容无以言表，身边一条白色的小狗朝我们摇着尾巴，显得甚是亲热。

　　家门口，小凤同学的爷爷、奶奶、父亲早早等待着。"赶快进屋，歇歇。"朴实而又简单的一句话，对满头大汗的我们而言，最是清凉。抬头望去，左右两家房子形成了鲜明对比，左边小凤家房子陈旧，邻居家在阳光的照射下金光闪闪。走进小凤家，主屋的陈设很是简单，电视、冰箱、桌子和几把凳子。妈妈在市里打工，妈妈的收入成了家里的主要经济支撑。妹妹上初中，在县城上课学习。爸爸因病做了手术，干不了重活，在家照顾高龄且生病的爷爷和奶奶。

"爷爷、奶奶、小凤爸爸，我把小凤在校情况向你们唠唠。"随后把《致家长的一封信》和成绩单递给了小凤爸爸看，小凤爸爸认真听着，爷爷奶奶的脸上堆满了幸福的笑容。小凤爸爸看着信和成绩单，然后把目光投向了小凤，眼里闪闪发着光，眼里全是小凤。然后，连连点着头说道："谢谢老师们，感谢你们的教导，感谢学校。我们没什么文化，孩子的学习上帮不上什么忙。只能教她们懂事，如何做人，知礼节，守规矩。"家里有四亩田，种菜、水稻和玉米，院子里一口井，园子里养了二十几只鸡鸭，满足日常的吃喝。看到院子里的一架锈迹斑斑的手扶拖拉机，话不多的爷爷立马打开了话匣子。"买它的时候小凤还没出生，它的功劳大。现在虽然还可以发动，但跟我一样不太中用了。"

小凤告诉我们，以前的暑假都是要去做兼职的，这个暑假就不去做了，打算好好看书，准备下半年教师资格证的考试。今年她的高中母校去我们学校招聘了，有教师资格证且面试合格就可以上岗，而且有编制。聊到以后考研还是就业，"我还是想先上班，家里是这个样子。"小凤环顾了一周。此时，我的心里心疼这孩子。小凤说，上大学自律很重要，如果把大部分时间花在睡觉和玩上，她会有负罪感。是的，尤其是一个农家的女孩子，更要比别人努力，唯有努力的读书之路才能改变她们这一辈人的命运。

时间总是匆匆，到了离别时。我们在院子里一起合了张影，试图记住这一刻。

归途中，看着路边田里的水稻，在阳光的照射下尤其鲜绿。我想小凤就像这水稻，在土壤和阳光的滋养下，终会拔节、抽穗、灌浆结实。我给小凤发了条消息："小凤，看你们匆匆，我们走了，你好好学习，加油！"她回复我说："谢谢老师们对我的关心和照顾！我一定会好好努力的。人生有三大幸，在这个大学碰见了这么多好老师，就是我的幸运。谢谢老师们！"谁之幸载！她之幸矣！我之幸呼！我想这大概就是教育魅力之所在吧！

王思源

怎样开好学生资助政策宣传班会?

日前，家庭经济困难学生评议认定工作正在各学校开展，在学生提出自愿申请，学校组织评议认定困难学生等程序前，面向全体学生，开展学生资助政策宣传主题班会，是广泛宣传国家和学校的资助政策的有效途径，更是进行感恩教育和诚信教育不可或缺的环节。

开好学生资助政策宣传主题班会，首先要讲好国家和学校资助政策体系背后的动人故事——经过多年的努力，中国走出了一条具有中国特色、符合中国国情的学生资助之路。教育部官网在 2018 年发布文章《十四年痴心相伴，只为你入学无忧》指出，我国从学前到研究生教育的全学段学生资助政策体系已经建立完善。2019年团中央刊发的《谁在供养中国的大学生》通过数据对比指出，和美国相比，中国大学的学校预算大量依赖于中央财政拨款和地方政府拨款，学费收入相对而言微乎其微。换句话说，我们的学生大多都在以接近免费的成本接受着高等教育，我们的每一个学生都受到了党和国家不同程度的资助。感恩和回报是人类最普遍的情感。讲清资助背后的探索历程和真实故事，是感恩教育的起点。

开好学生资助政策宣传主题班会，要讲清国家和学校的相关资助政策，做好诚信教育。今年，根据教育部发布的《关于取消一批证明事项的通知》，取消了此前规定的，高校学生申请资助时需由家庭所在地乡、镇或街道民政部门对学生家庭经济情况予以证明的环节改为申请人书面承诺。同时要强调书面承诺的真实性，加强学生的诚信教育。这些变化和需要提交的材料，需要一并在班会上讲清楚。会后同时把文件和相关资料一并传入班级群中。

开好学生自主政策宣传主题班会，要讲好身边克服困难、努力拼搏、感恩回报的汉师故事，用身边人讲身边事，用身边事感染身边人。树立看得见、摸得着的身边榜样，激励暂时遇到困难的学生通过自身的努力克服困境，用奋斗书写青春，用奉献回报党和国家。

资助政策对学生而言，不仅解决了暂时的生活困难，而且也是一种物质激励机制。但是我们也要看到，精神动力学指出，物质激励如果脱离了精神激励，只讲物质利益，不讲精神因素，就会只见物不见人、见钱不见思想。因此在学生资助政策宣传主题班会上，不仅要讲清学生资助政策，更要讲好感恩、回报、诚信、拼搏的故事，物质激励与精神激励紧密结合，综合实施，才是实施学生资助政策的应有之义。

毛晶玥

眼中有学生，教育才有温度

辅导员工作是熟练活，熟能生巧。无论赋予辅导员职业多么重要的地位都不为过，但是这些光辉的称谓是建立在熟练的基础之上。

熟悉学生，主要包括熟悉学生的姓名、长相、个人特点、性格特质、学习状况、朋友圈等。眼中有学生，能一口叫得出名字，可以立即说出个人情况的，这是合格的辅导员。

熟悉学生，自然而然能发现问题，找到问题，解决问题，帮助学生，成就学生。

熟悉学生，意味着深入学生，接触学生，了解学生；意味着摸爬滚打和学生一起，心中始终装着学生；意味着快乐学生的快乐，悲伤学生的悲伤。

工作中没有捷径可走，创新建立在工作的熟知基础之上。基础工作，来不得半点虚假。以辅导员为例，熟悉学生的程度，进班入宿舍的次数，决定着掌握班情、学情的深浅。QQ 可以聊天，微信能够互通，但是始终缺乏情感温度，自媒体无法解决情感的深度，键对键始终不能完全替代面对面。所有媒介，只能是工具、手段，而不是目的。一心一意靠近学生，满心欢喜贴近学生，全心全意呵护学生，收获的不单是一个个体、一个群体地成长，收获的是爱与爱的传递。

眼中有学生，教育才有温度。学生虽然多变，但是辅导员的爱心不变，耐心不易，决心不改，初心仍旧。走进学生，贴切学生，是所有同事们每一天的必修课。

张斯民

始于初心，乐于奉献——给新任
学生干部的寄语

　　今晚，马克思主义学院第一届院分团委（学生会）成立，看着一张张眼里有光，青春朝气的面孔，听着校团委副书记刘飞老师和学院领导对新任学生干部的殷切寄语，自己也感慨万千。自大学起，我就一直在担任学生干部，工作后，又带了三四届学生，深知学生干部对于学生组织建设、学院风气乃至学校精神风貌都起到了重要作用。

　　怎样做好一名学生干部？我想最重要的是回望来路，体会初心。学生干部来自学生，最终也将回归于学生。学生干部的初心就是服务广大学生，"宁做学生友，不做学生官"。你为同学着想，同学自然为你着想。你若是天天盯着头衔、奖励不放，同学自然也不会信服。学生干部，学生是身份，干部是责任。"青年要立志做大事，不要立志做大官。"我想这就是对学生干部最好的初心寄语。

做好一名学生干部，我希望同学们能够正视困难，珍惜我们的学生组织和平台。不管同学们加入的是哪个学生组织，在完成工作任务的过程中，都会或多或少地遇到困难。有的同学会选择抱怨和放弃，而有的同学会选择面对和改变。诚然，当自己辛辛苦苦写的新闻依旧会被画满红圈时，费了九牛二虎之力做出米的方案总是被不予通过时，做出的活动效果未达到预期时，你才会发现，学生干部真的没那么风光，一场精彩的比赛、一场成功的晚会、一篇完美的新闻、一篇高质量地推送，背后付出的是无数的汗水与努力。但是正是有这个组织和平台让你挥洒梦想和汗水，你才会更快地成长。一份工作是一份责任，一份信念是一份担当；一份热爱带来一份感动，一份付出带来一份收获。在组织里，面对困难，勇于挑战，你才会看到精心熬制的推送，阅读量成倍地上翻；憧憬的优秀人物，有一天会和你真正地面对面沟通交流；自己策划的一场活动，会赢得周围同学的一致好评……困难带来改变，改变带来成长。

作为一名学生干部，我希望同学们相信团结的力量。在学生组织里，你会认识很多有趣的灵魂，你们一同工作、一同学习、一同进步、一同为部门更好地发展不断迈下坚实的脚步。不要去相信一些所谓的"厚黑学"，不要去理会社会上的某些不良风气。希望学生组织是你们的另一个家，学会倾诉、学会协作、学会分担，信任你的伙伴，相信你的团队，"聚是一团火，散是满天星"，大家都要明白，把你们聚在一起的，是为同学们服务的初心和心中燃烧着的热爱。

"始于初心，乐于奉献"。我还希望你们都能在各级各类的学生组织里，用小小的我，温暖我们身边的同学，做好学生的代言人，做好学校和学生沟通的纽带，转身迎来属于自己的充满温暖、奉献且独一无二的大学时光。

毛晶玥

盖章变承诺，认定新变化

　　一年一度的家庭经济困难学生认定即将开始，同事们热情地讨论认定的标准、条件和程序。这个负责任的群体，有些兴奋，又有些沉甸甸。

　　今年的政策有一项重要变化，过去由学生所在地方政府或民政部门证明调整为学生本人承诺。证明变承诺，行为变动，大大方便学生，当然也增加高校资助部门和辅导员的工作难度。政策是暖人心的。宁可自己难一点，也要便利学生。证明方式的调换，意味着识别家庭经济困难学生的责任主体转移到工作人员身上。学生承诺，增加了学生的诚信成本；辅导员认定，加强了贫困生工作的主动性。借着一纸证明认定家庭经济困难学生的方式，必须转变。

　　重视家访，是今年资助工作的新要求。倘若想精准识别，必须走出办公室，走进农村、社区、公司、企业，深入家庭、家长、社会，和家长面对面，和社区、乡村干部面对面，有针对性、有目的地开展抽查式的走访，重拾家访。用最简单的方式，解决最难的事情。

家访的目的是掌握学生真实情况，学生人数众多，当然也不可能逐一走到挨个访到。识别贫困生，还是要进入集体，依靠学生。学生评议小组，是开展认定的不可或缺的关键环节。班上汇聚各方面意见，选几位同学公认的公道正派的学生形成小组。班级推荐人选，综合大家认识，消弭分歧，搜集不同评价，讨论达成共识，反馈同学们的看法的过程，是一次生动的自我学习，一次特殊的民主实践，同时也确保了班级认定环节的公平公正。

家庭经济困难学生认定不仅需要集体的判断，还要了解每位申请认定同学的情况。深入生活圈，了解吃、穿、住、用，基本上能够较为准确地掌握学生的经济状况。不要嫌麻烦，不要怕费工夫，往往粗枝大叶敷衍了事大大咧咧容易导致掌握情况不准，认定出现偏差，该认定的未认定，工作返工，学生不满意等情况。进入生活圈，注意随风潜入夜，避免风风火火，保护学生隐私，保护贫困生自尊，实现润物细无声。

家访，评议小组，个人生活圈，家庭经济困难学生认定工作三环节，工作实践中，既要把握关键，又要兼顾实际，不辞辛苦地把惠学生暖人心的实事做好。

张斯民

高校抖肩舞来袭！它为什么能在网络空间瞬间刷屏？

最近在高校，如果你没有听说过 KiKi 和 ChuChu，那你一定 out 了。魔性的旋律配上上头的动作，高校抖肩舞"Coincidance"瞬间在抖音、B 站、QQ 空间等各大媒体上刷屏了，更一度冲上微博热搜。

高校抖肩舞为什么在网络空间瞬间刷屏并引发各大高校争相模仿？作为一名学生工作者，我也一直在思考这个问题。

第一个原因，我想一定是"这是个沙雕并快乐的视频"。回到 B 站上，很多高校在命名"抖肩舞"时，都命名为"防抑郁抖肩舞"，号称能防抑郁，其实是自我调节的一种嘲谑方式。

从"御宅文化"到"晒秀文化"，从"卖丧信'佛'"，再到今天的"抖肩舞"，本质上都是一种情绪的宣泄和对身份认同的渴求。释放负面情绪是寻求归属感、获得认同感的一种方式。这些戏谑、碎片化的情绪宣泄和话语表达方式一旦在网络空间里传播，可以与其他拥有着负面情绪的用户进行互动和交流，并且极易产生共鸣和归属感。这种"同病相怜"似的归属感，缓释了"必须成功"的压力，从而反过来进一步刺激了视频在网络空间的快速传播。

抖肩舞的舞步类似于土味视频里的"社会摇"。"土味"短视频的兴起是从2017年开始的，但是这种"土味文化"却可以追溯至2015年开始流行的中老年表情包，甚至是二十一世纪初以凤姐和芙蓉姐为代表的审丑文化。模仿土味视频，是对"精英文化"的一种反叛。在土味视频里，一切等级和秩序都不复存在，一切严肃和权威都被消解。平时严肃的"老师"们似乎也可以一起调侃，这也符合青年亚文化的特征——抵抗视为一种身份的认同，将贯穿于网络青年亚文化中。

但是，我们也并不用因此担心和焦虑。事实上，在青年成长的过程中，向地扎根与向阳生长并不矛盾，"亚文化"与"正能量"可以共存于青年文化之中。在抖肩舞的视频里，我们也看到了团委及辅导员老师们参与其中，并且和学生们玩得很开心。面对网络青年亚文化，应当给予青年足够的关注、理解和包容，才可以创造出更广阔的引导空间。

毛晶玥

劳动教育的"变"与"不变"

2020 年 3 月 20 日,中共中央、国务院发布了《关于全面加强新时代大中小学劳动教育的意见》,强调要围绕培养担当民族复兴大任的时代新人开展劳动教育。近日,教育部又印发了《大中小学劳动教育指导纲要(试行)》,重点针对劳动教育是什么,教什么,怎样教等问题,对学校提出了细化要求和专业指导。在新中国成立 70 年的沧桑巨变中,劳动教育的新旧形态不断更迭,带来劳动教育内涵及功能全面而深刻的变革。怎样在劳动精神的坚守中思考劳动教育的"演变"?笔者试着从教育主体、教育内容、教育方法、教育客体等多个方面阐述自己的思考,以期抛砖引玉。

劳动教育主体：从"独奏"到"合奏"

劳动教育长期作为学校德育工作的一部分，往往由学校德育部门和教师组织实施。而在学科教学、社会实践、实习实训、创新创业等高校育人体系中，蕴含了大量的劳动教育元素。根据教育部《高校思想政治工作质量提升实施纲要》提出，高等学校要切实构建课程、科研、实践、文化、网络、心理、管理、服务、资助、组织的"十大"育人体系。新时代劳动教育要充分挖掘高校育人体系中蕴含着劳动教育元素，实现全员全方位全过程的劳动育人，变劳动教育主体从"独奏"到"合奏"。

劳动教育内容：从"单调"到"丰富"

随着社会的发展，劳动教育的形态发生了巨大的变化。互联网经济的发展在创造新兴职业的同时，也深刻地改变了当代青年的劳动方式。特别是伴随我国双创实践与"互联网＋"新业态的深度融合，大量区别于传统工作模式的数字劳动（digital labor）快速生成，一部分青年将转化为新一代的数字劳动者，劳动者的内涵被前所未有地拓展。网络主播、职业电竞选手、健身私教……今年教育部下发的有关就业率统计的相关文件指出，新的高校毕业生就业统计相关指标 "自主创业"和"自由职业"中，自主创业的范围加入了开设网店，自由职业的范围加入了互联网营销工作者、公众号博主、电子竞技工作者。所以站在新时代的历史坐标上，要在变与不变的辩证法中树立发展的劳动教育内容观，在劳动精神的坚守中主动扩容劳动教育内容，以涵盖变化着的劳动现实。

劳动教育方法：从"单维"到"多维"

劳动教育方法怎样体现时代特征，让学生愿意劳动，乐于劳动，享受劳动？ "单维"的劳动教育方法是将劳动教育等同于简单的体力劳动，而在高校，劳动教育方法可以有更为广阔地加强空间。比如各学科领域教学都有因势利导、润物无声地开展劳动教育的可能性，又比如，探究式、项目化的校内劳动实践活动以及综合性、公益性、创造性的社会劳动活动。劳动教育方法从"单维"到"多维"，探索以理服人、生动活泼的教育方法，可以进一步顺应劳动新形态的出现，激发学生参与劳动教育的兴趣，从而提高学生创造性劳动的能力。

劳动教育客体：从"被动式服从"到"主动式参与"

长期以来，由于重应试轻素质，重教育轻劳动，在家庭、学校，甚至社会上，人们不经意间把主要精力都放在了知识学习上。家庭里父母习惯于包办一切家务劳动，学校里老师习惯于将劳动置于次要位置，日常劳动被弱化，甚至把打扫清洁等劳动作为惩罚学生的手段。学生将劳动默认为不必要的活动，甚至是惩罚手段，往往处于被动服从的状态，这样无疑会助长"重视成绩""不愿劳动""不会劳动"的不良风气。所以，在劳动教育的客体方面，要进一步提升学生的主动参与性，变"被动式服从"到"主动式参与"。

毛晶玥

传统、现代与变革：速写青年的三幅面孔

青年文化是一个常谈常新的话题。关于"90后""00后"青年的文化热点层出不穷，描述、判断不绝于耳，不时占据新闻热点头条，引得主流文化频频侧目。以学工人的身份，在与学生们朝夕相处的时光中，将几段近距离的感悟触动的场景为关照对象，从青年文化角度出发，对青年的思想实际尝试着速写和勾勒，期待能够管窥当下青年的典型特点。

速写一：传统文化的悄然回归——人群中着汉服的自在女孩儿。

在大学校园里，经常会看到身穿古装的男男女女，毫不羞涩，怡然自得穿行在西装、夹克、风衣、裙子……现代服饰的人群里。比如，前些日子，我记录下的一刻：配着浅色发带，一身柿红长袍，脚穿绣花鞋，天蓝云淡，仿若仙子从旁边袅婷走过，如若不是戴着口罩，手拿智能手机，真不知今夕何夕。由简约到繁复，往往是风骚

三两年的事。童话般精致的存在，也只能昙花一现淳朴的校园。青春恰好，洋装退场，汉服重回，是又一轮东风浩荡，是又一波传统文化热的回归，是新一代人重拾自信痴迷传统文化的集中体现。

速写二：现代社会的个性表达——雨夜里轰动学生区的分手仪式。

半个月前的一个雨天的晚上，一个小伙子站在宿舍楼下拿着鲜花，淋着雨，高喊："祝你幸福！"压根儿看不出伤心。引得内外三层围观，有拍手叫好，有的吃瓜，没有什么是不能娱乐的。高喊的是仪式，还是青春，抑或是痛彻心扉的告别，都不是，似乎更像是秀场。旁观的好奇心燃烧，当事的别有滋味言说，楼上楼下攒动拥挤的人头，用一场像模像样的仪式，展现悲伤的情感，这是当下的青年。

速写三：鬼畜玩梗的网络狂欢——全网被玩坏的太极马师傅的梗。

最近大火的太极师傅是马保国，在私人比武里被业务拳击手击倒在地。比武结束后，本该去疗伤，马保国又现身说法，半生不熟的普通话"耗子尾汁（好自为之）"，掀起了青年群体的审丑狂欢。外语的，方言的，配音的……拳击手肿着眼，可怜又可乐。像一场盛大的演出，把江湖落败的窘迫冲淡、化解；像一出黑色幽默的折子戏，比武场仅仅开了首幕，旋踵而来的剧情足够吸睛。新的媒介技术，为青年提供了自由、宽松的庇护所，成了一场盛大的狂欢。

选择汉服，并且敢于大大方方地穿出来，这是当下青年人对于传统文化的自信和回归。

把分手做成仪式，把隐私的情感敞露出来，这是当下青年人在社会现代化历程中打下的自我表达的烙印。

消费马保国，娱乐马保国，利用网络新媒体反抗权威、质疑集权、颠覆和瓦解中心，还以"恶作剧"的叛逆姿态抵抗主流文化，这是当下青年人在传统和现实的交织中特有的反叛。

传统、现代与反叛，当下的青年如此矛盾地存在着。我们都曾经年轻，而他们正年轻。

而我们，作为教育者和管理者，对待青年，就是要给青年精准画像，要准确把握青年的这种主体特征。我们要看到，相比过去时代的青年，现代青年更加注重自我个性的展现和自身主体价值的实现，更加注重传统与现实交织在一起的自我表达与变革。

我们要准确把握当代青年的个性、思维方式与行为模式等方面的主体特征，并采取与他们不同发展阶段的需求相契合的培养模式。针对青年价值取向多元化、复杂化的特点，要注重运用有效的方法帮助青年找到个人理想与社会价值的契合点；针对青年生活在互联网信息时代却又欠缺识别分析海量信息能力的特点，要注重创新培养模式；针对青年特有的反叛和疏离主流文化的特点，要善于将主流文化融合到青年熟悉的话语中，并且要看到青年的反叛同样可以作为社会创新变革的推动器。

需要特别注意的是，在日新月异地数字化、信息化的情景下，青年群体将会有更多属于他们自己的文化，这些青年文化将发挥着巨大的同辈影响效应。关注青年的亚文化是通过怎样的方式正面影响青年，如何充分调动青年主观能动性的发挥，并在青年文化的实践中更多地引导当今青年树立良好的人生目标，为走入"社会常态期"的青年们注入活力，是我们必须面对的课题。学工人，作为与青年并肩的同行人，在不少青年生命故事的展开中，能够记录、见证并引导青年向上向好，也是自身生命的一种丰盈与收获。

张斯民

留不下的乡村教师

人一辈子有两件事终身不离，一件事是医生，另一件事是老师。作为一所办在市州的普通师范本科院校，我校承担培养鄂豫陕渝毗邻地区基础教育师资的主要任务。百年大计，教育为本；教育大计，教师为本。要找准定位，担当作为，聚焦特色，培养好老师是我校的目标。

当下的问题是，乡村留不住老教师，新教师沉不下。音体美小科老师奇缺，语文老师教体育，数学老师教育音乐不是玩笑。男老师特别缺，农村空心化，留守儿童问题严重，手机游戏危害儿童影响巨大，内卷化现象加剧。

转变教育理念。在教育现代化背景下，师范教育的目标是培养应用型人才，一专多能，一业多方，满足地方对应用型人才需求。制订以提高教学能力为目标的培养标准。通过宣传、培训，让教师认识到知识范式与能力范式的联系与区别，理解和认同能力范式理念，由知识范式向能力方式转变。

调整课程体系设置，改变教学方法，改革课程考核评价方式，建立与能力范式培养内容、教学方法相适应的多元考核方式，突出能力标准，强化师德教育，特别是要提高教师的实践能力培养水平，建立闭环的教学质量监控体系和实现机制，着力培养全科教师，适应基层变化。

出台系列优惠政策，要支持地方师范院校建设，增加投入，解决办学困难等问题。不以学校层次作为划拨经费的依据，而是以社会贡献度作为拨款依据。与基层政府对接，订单式培养教师。加强体、音、美、生物、地理等学科老师的培养，适度扩招，以满足地方急需。呼请地方政府出台优惠政策，包括乡村教师特岗、服务年限替代考试招录。比如服务八年解决编制，乡村教师职业年金等倾斜政策，引导师范生扎根乡村服务乡村。

每一个走出山里的孩子，回忆的时候，总是会提到，当年有一位老师改变了我的命运。坚守在乡村的好老师，改变了一个孩子，一个家庭，一个山村的命运。建设现代化强国，更要着眼师范，培养好老师。

张斯民

"专"还是"转"？——谈谈辅导员的职业发展

从 2016 年到现在，断断续续也带了四年的职业生涯规划与就业指导课程，也一直在思索辅导员职业生涯规划的问题。一方面，国家高度重视辅导员队伍建设，近几年，在辅导员双重身份下，双线晋升，业内发展方面出台了一系列重量级的文件，辅导员的发展有了较为广阔的空间，推动辅导员专业化职业化发展已是大势所趋；另一方面，"留不住"的辅导员也成了高校在辅导员队伍建设方面的隐痛。

要推动辅导员的"专"，首先，要达成一个共识，那就是学生思想理论教育和价值引领、学生的党团和班级建设、学生的心理疏导和咨询、学生职业生涯规划和就业指导等诸多方面，都是专业性很强的领域。而辅导员工作，就是要在这些专业领域里面成为"业务水平专，综合素质高"的行家里手，最终实现辅导员职业专业化职业化发展。失去了这一点共识，从心里认定辅导员工作只是"基层打杂"或是"基层维稳"人员，"专"就无从谈起。

事实上，无论是辅导员自身，还是职业环境，对辅导员专业化职业化的共识都有待提升。对于辅导员来说，高校普遍对专业技术职务认可度高，而大部分年轻辅导员还处于专业技术的初级阶段，又加上尽管很多工作不属于辅导员职业边界界定的内容，但是现实工作安排依旧无法规避，被占据了大量时间精力处理琐事的同时，往往在专业技术职务评聘上处于劣势，从而导致对辅导员职业的倦怠和否定。在职业环境方面，"辅导员工作就是基层打杂工作"的认识也不少，导致了很多辅导员在职业尊严与职业成就感之间挣扎。

打铁还需自身硬。推动"专"，要靠辅导员自身再努力。"最美高校辅导员""辅导员年度人物""辅导员职业素质能力大赛"、从教育部到教育厅设置的辅导员专项项目……这些评选、赛事或专项项目设置为辅导员提升专业化职业化水平，展现学生工作风采提供了很好的平台。辅导员要抓住这些机会历练自己，及时树立专业意识，提升专业道德修养，掌握基本的专业技能，并在工作实践中不断加强专业培训，使自己在实践中成长为"业务水平专，综合素质高"的"专业化"辅导员。

做好辅导员的工作，没有学生工作情怀和奉献精神是做不长久的，但是只谈情怀，只讲奉献，没有关怀和照顾，也会导致队伍的不稳定，更无从谈专业化职业化发展。辅导员队伍流动性大，倾向于"转"，而不是"专"，很大的原因就是看不到明确的方向，对于个人的职业发展感到迷惘。想要有所改善，高校也要制定科学合理的培训体系和相对稳定的辅导员职业发展路径，使辅导员能够看得到背后付出的成绩，看得到努力之后的出路，帮助辅导员树立职业理想、职业尊严和职业成就感。

再来谈谈"转"。辅导员在高校转岗，特别是行政岗位有天生的优势。原因在于，在工作实践中，辅导员因为和学校行政各个部门接触频繁，又通过较为系统的学生工作管理训练，往往在组织协调能力，处理问题能力和语言表达能力方面相对于重新招聘的人员，都有一定的优势，辅导员队伍也往往成为高校行政岗位的一个重要补充来源。

"专"还是"转"，从职业生涯规划发展的角度来说，是辅导员自身对个人优势劣势和职业环境信息分析研判后，做出的职业选择。这种职业选择背后，有个人的职业理想与职业认同，也有高校对辅导员的角色定位考虑和对学校发展的整体设计。对于坚守一线辅导员岗位，选择"专"的辅导员，要凝聚"推动辅导员专业化职业化"的共识，对年轻的辅导员多加帮扶，多加关怀照顾，创造"专"的条件给他们，不乱摊派任务，多给他们成长的时间和空间，优化职业环境。对于长期坚守在一线工作的老辅导员，更要搭建发展平台，创造良好发展环境，使他们"职业有规划，发展有平台，待遇有保障"。选择"转"的辅导员，也应该看到，适度的岗位流动使辅导员的发展不再是单向选择，而是为辅导员的队伍建设注入活水，同时也适应了学校发展的实际需要。

毛晶玥

辅导员工作室成熟的密码

有同行问，引航辅导员工作室获批全省高校学生工作示范团队，你们是怎么做到的？能不能介绍经验？受到同仁的关切，团队既兴奋又惭愧。回望四年来引航辅导员工作室的实践，深感坚持不易。梳理四年来引航辅导员工作室的摸索，亦觉曙光在前。

其实，我们和同行一样，都是在琐屑里赋予意义，在忙碌中寻找支撑，在疲惫中发现价值，朝着获得职业成长和职业尊重的目标奔去，奋力向辅导员职业化专业化方向突围。循着这个路径，团队出发了。

起初，团队怀着火样的热情聚拢，因为一种情怀碰撞出火花。情怀，是热爱。热爱学生，热爱辅导员职业，热爱教育工作。热爱，不需要理由。由于热爱，团队几人乐意深入学生，乐意琢磨谈话的对象、经手的事情、召开的班会、求职的学生……从学生事务的琐碎出发，从一份工作案例着手，从一次理论宣讲开始……由浅层次事务的处理到经验性的总结，再到辅导员成长路径探寻，最后到大学生思政教育规律的认知，点点滴滴，团队从未放弃对辅导员事务的探究，从未降低对个人成长的要求。由于热爱，小事通气，难事商量，忧事解闷，喜事分享，团队紧紧地抱团发展。经验互换，思想互通，情感互融，团队成员相互成就。

情怀是引航工作室团队的底色，更为重要的，来自学工人对辅导员职业化专业化的自觉。如果说团队最初的缘起，来自几人热血沸腾的燃烧，那么团队的行稳致远，必须得到学工人的接力行进。工作室由成立初的4人，逐步发展到9人。成员中，获得优秀辅导员的有6名，辅导员职业能力比赛三等奖及以上的3人，主持省级学工精品项目的7人，还有学工部门的主要负责人。学校为工作室授牌，给予经费支持，出台工作室管理办法，下达研究任务书，工作室完成了组织性质的进化。由松散走向规范，力量的集中，资源的汇集，来自学工系统的主动作为，绝不是一个人，两三个人的力量。与之同时，工作室的方向从单纯地服务学生，助力学生，讲好学生故事，逐步调整，进而明确为提升辅导员职业能力素养，服务学生成长。由无序走向有序，团队成员普遍经历了经验主义向探求理论规律的转变，超脱学生具体事务，着眼专业化探索，尝试划分辅导员工作领域，进行辅导员专业分工，力求形成专业化覆盖，提升专业化水平。

团队谋求职业化专业化的发展，建构在工作室的系列活动之上，组成学习共同体。没有活动，工作室一天都存在不下去。学工处支持和推动工作室铺开活动。工作室在活动中增进问题思考，结识志同道合，扩大影响力。场景重构，我们从服务对象入手。每个人管理不同的学生，每个学生是独一无二的个体，我们倾听学生，欣赏青年学生成长路上的风雨彩虹，团队撰写育人故事。由于是身边人身边事，故事很快引起学生注意受到喜欢，这给了我们鼓励。形成课题组，我们从特殊的学生事务入手。每个人总结一年的辅导员工作，撰写特殊的学生案例，学工处汇集全校辅导员的工作案例，借鉴同行的经验，我们丰富自己的想法，固定有效的做法，理思路、改文字、明事理，我们修订了15万字的学生事务案例，受到同事的好评，这给了我们信心。建设孵化器，我们从工作沙龙入手。紧扣工作实际，密切学生需求，确定主题，定期交流，轮流主持，及时归纳。近两年，我们先后完成案例研讨、工作室交流、项目申报、读原著悟原理等主题的沙龙活动，由校内到校外，由本校到外校，这给了我们力量。基于这些努力，我们想建设自己稳定而坚实教育观，争取做到不慌乱，也不盲目。

飞速变化着的学生和学生生活的方方面面，不管是教育者还是大学生，用一般性和经验性地对待学生问题、学生事务问题，既与辅导员担当的职责不相符合，也难以满足青年学生的现实需求。因此，我们结成团队，在复杂而丰富的学生事务里，坚持慢行动微改变，求跬步之效；开始专业化探索，走职业化道路，试图改变单一的事务性工作方式，摆脱陷入内卷化的忙碌。这是引航工作室走向成熟的密码。

张斯民

谈谈考研与读书

考研成功，现在流行的说法是上岸。不知何时而起，也不知因何而名，不得而知。大概考研之前，苦读苦干苦熬苦练，此谓苦海；考上之后，由此岸到彼岸，历经千辛万苦，终于上岸，此谓考研上岸。从这个意义上看，也形象。

考研，当然是个苦差事。玩不得，乐不成，守住枯燥的知识点，反复练习，充填大脑。孜孜以求，精神最为可嘉。考上，弹冠相庆；落选，垂头丧气。

考研不等于读书。它是一场工具性的放大，趋利性的奔忙。为考试而读书，专业书两三本，必考书五六册，眼光囿于此，知识限于此，思维僵化，精神干瘪。押宝考研，孤注一掷。依附考试，养活多少人物。

读书是与先贤的精神对话，是灵魂的自我完善。考试不能替代精神的完善，精神的完善有效手段还是读书。既不愿学生像范进中举，中了疯魔，又盼望他们多一些沉着，与书为伴；多一些冷静，与书为友，潜心贯注。

张斯民

怎样纪念青年节

今天是青年节。百年前，一代青年人为着科学民主爱国，发出历史最强音。救亡图存，富国强兵，是那一代青年人的责任使命。科学，为启蒙；民主，为开民智；爱国，为求富强。循着这条道路，年轻人出发了，即使遇到困难，也要擦干血迹，向着光明前进。

作家莫言寄语青年，不被大风吹倒，别有意味。他讲了两个故事，其一，在其辍学时，通过阅读新华字典识字，由此认识世界。识字，这是受教育的权利。那个时代，能够识字是天大的事。民众里有太多的文盲，认不得字，写不到名。能够识字，并因识字掌握更多的知识，看到更远的地方；能够识字，发现除了个人眼前的井口之天外，还有更广阔的天地。识字，看似很小，却意味着掌握了面向未来的能力。时移世易，资讯昌明发达的社会，一个年轻人如果缺乏或者丧失学习的能力以及强烈的好奇心，基本上也就葬送了未来。这和新华字典的识字有异曲同工之妙。其二，胶东的大风让人难以抵挡。驮着草的大车，在爷爷的带领下，即便草被刮得所剩无几，但是车不动人也不动，不被大风吹倒。风是什么？是压力、变化。顶住压力，守住不变，岿然不动。这大概是，观察入微、书写农民的作家的人生反思。

土得掉渣的两个小故事，与抒情式的纪念形成鲜明对比。从物质生活看，一代青年人拥有了上几代青年人难以企及的充沛物质生活。从社会环境看，安定团结和平祥和，远离战乱，远离纷争，没有理由不幸福，没有原因不奋斗。青年人的难题，是社会问题的累叠挤压。寄予了太多希望给青年，希望则是一种有形轨道，是一种无形的压力。希望他们沿着给定的轨道前进，这的确是美好，同时也迫使青年人不得不顺从。

因此，纪念青年节的话和话题满坑满谷。一方面我们都是或者曾经是，一方面青年本身意味着年轻活力阳光朝气，话题开放。如此，毋宁说祝福青年，不如说难忘个人青春；毋宁说给青年建议，不如说归纳个人经验。

张斯民

三天家访，三个少年，三个未来

三天来，在秦岭巴山和汉中盆地间辗转，访家庭，问生情。笔者记录了三家访问的情况，每个贫困生的家庭，在与生活角力，特定情况下，又有着各自的艰难，且保持着一贯的乐观。行走中，深切感受到教育改变命运，并深刻明白，阻断贫困，教育是最有效的方式。不固定不稳定的家庭收入，又极易让家庭返贫。访谈里，又体会到纾解贫困生，既要以爱心施教，也需身扑一线，心到一线，听生情解生意。

向上生长的力量

早晨，车从平阔的汉中盆地中心出发向北行驶，地点是小辜发的微信定位，导航就设在那里——汉台区武乡镇。陌生的地方，陌生的名字，陌生的认知，车开得小心翼翼。路上，同事做功课，原来武乡镇是诸葛亮的封邑，学生住在地名这么古老的村镇。

北边是秦岭，像一条巨龙横卧，雄姿英发。循着导航，我们从大道到乡道，从城中心到村落，地势渐渐增高，秦岭近在眼前。车转入村道，曲折狭窄，驶入了岔道，又掉头折回。问了路边的大爷，他指了指前面，转弯处小辜同学站在那里候着，她家正在秦岭山跟前。

停车的地方，周围全是稻田。田埂分开了稻田，向南铺展到天际下。小辜在前面引路，路过邻居家，狗吠得欢实。小辜招呼着，叔，把狗牵住。穿过半边荒草的稻场，就到了小辜同学的家。两层楼，一个偏房。

只有小辜同学的妈妈在家，爸爸还在外面干装修油漆工。她的妈妈穿了身干净衣服，一双白鞋，迎上来，拎了四五张椅子，我们就坐在院里聊天。

接过小辜的成绩单和学校致家长的一封信，小辜的妈妈有些抖，左手拿着两张薄纸，右手在衣襟上直搓。话匣子打开了。她说，今年真难。我在上海黄浦区小酒馆里做保洁。疫情爆发后，封堵在那里。疫情结束，7月回到家里，找不到事做。小学文化，上海大酒店干保洁都不要，外国人多，要说英语的。

话讲到这，小辜的妈妈顿了顿，望着小辜同学说，就是吃了没文化的亏。小辜坐在侧边，不做声。

我问，回来的路上还顺利？小辜的妈妈说，也担心，戴着口罩，不敢乱跑。

她又说，今年的日子是真难。去年连阴雨，房前的坎子滑坡，又幸好当时跟脚扎得深。说着，她起身带我们到稻场边看。场边的路沉陷了七八公分。

回到院里，小辜的妈妈继续叙家常。我们得知，小辜爷爷是抗美援朝老兵，差点没救回来。打仗伤着了肺，去世前，每月看病2000多块，那个时候，工地上干一天小工才15块。去世后，父母忙着打工，也没工夫管她，高考也是她自己填的，掉档了。

我们有些意外，问小辜，她说，志愿填少了，又不服从调剂，被我校的专科录上了。考的是本科的分数，读的专科。我们几个对小辜的妈妈说，孩子基础好，掉档了也不要紧，再努把力考上本科。

临走时，小辜的亲戚从地里摘了几串葡萄拿来，小辜的妈妈送我们，推让了好久我们谢辞了。小辜来送，我们叮嘱她把抗美援朝老兵爷爷的故事整理一下，回校向同学们讲。

我们在小辜家房后的稻田里合影。脚旁，绿油油的秧苗，稻谷刚刚抽穗，空气里飘着谷的芬芳，一切都是向上生长的力量。

"你们来家访，街坊四邻都知道。"

小古的家在南郑。去年就要走访，突发了一波疫情，计划搁浅了。说话算数，一定要来。

向南，到汉中盆地的边缘，朝巴山和米仓山行，导航一直提示"沿红军道"行驶。诧异中，路旁有纪念碑，原来这条路是徐向前李先念带着红四方面军从鄂豫皖苏区出发到四川巴中走的长征路。家访踏上红军路，别有意义。一路上是茶园、茶厂、茶店。

车停在她发来的微信定位的尽头，牟家坝镇上，一面缘河一面靠山，镇口有人乘凉。没看到小古，迟疑间，车左旁的街边站起个汉子问，你们是不是来家访的？我们以为他是小古的父亲，说，是的。正要招呼，他摆了摆手，边说边带我们，"他们家修摩托车的，车右边是铺子"。说话间，小古和她的父亲从房里出来迎我们。汉子临走时说，你们来家访，街坊四邻都知道。

修车铺临街，七八个平米。门口停了台三轮摩托车，门里竖放了一张柜台，零零散散堆了些零件螺丝和扳手，墙角扔了几条破摩托车胎。地上一块油一块污。穿过铺子，小古和他的父亲把我们请进一墙之隔的后房。两房之间有楼梯上二楼，光线暗，黑糊糊的。后房和铺面大小差不多，进门的墙边放着一台老式的 21 寸彩色电视机，屋中放着一台自动麻将机，面上铺着干净的白色粗纱布，相对的墙角还有一台红布罩着的麻将机。旁边有门，通向后院。

我们围坐在麻将机四周。古师傅瘦而黑，穿着白色老汉衫，袖子卷起露出膀子，有些拘谨。递过去的家校一封信，他一句一顿，看得很慢很细。看过信，古师傅的神色舒展。我们几个聊起来。他说，我们住在村里，离镇上还有十几公里，地撂荒了。我从 90 年开始修摩托车，在镇上修，过去生意还行。不过，租人的房子，老是辗，不稳定，换来换去。

我插话问，这房子多少租金？他说，6000 一年……疫情来了，这两年没开几天门，没做成正经生意。现在摩托车也少了，有点钱的都买汽车了，修车的变少了。

他接着讲，我们都忙着挣钱，没工夫招呼小古。娃娃读书一天补习班培训班都没有上过，自己考得大学。言语间，透了些自责。我们宽慰他，孩子读书，党和国家会帮助。

快到中午，古师傅要张罗饭菜，我们拉住他的手不让他费事。小古还要当向导，引我们到镇的另外一个同学家去。老古送出来，站在他的铺子口向我们挥手。街边紫薇树下即是他的招牌，看样子是新做的，红底两行黄字特别鲜艳，"修摩托车修电动车"。再难的日子，也会过去。上车后，我和同事觉得肩上沉甸甸的。

"今年的太子参只能卖20"

在小古家，小古说："老师，镇里还有个同学和我一届，你们知道吗？"这不在计划之内，但我们当即决定访第三家，请小古当向导。

从镇上出发开了几百米，遇上赶茶集。周围十里八乡的茶农，采了鲜叶，聚到镇上售卖，有的用袋子，有的用三轮车。缓行经过嚷嚷的人群市集，翻过山岭，走了六七公里的茶园路，从村道向左上坡就到了小邵家。

小邵随母姓，还有一个十岁的弟弟。父亲在外，母亲在家。住的一层旧砖房，楼上留了半层阁楼，用来晒物。

我们来家访，小邵家感到很意外，招呼我们在堂屋坐下。时近中午，小邵的妈妈麻利地进厨房生火。我们请她出来，特意交代不在家里吃饭，她方才坐过来。她讲，家里七八亩地，种了些茶和中药材。茶叶清明前后卖的上价钱，七八十每斤。现在的叶子卖得贱。

我们问，还有啥中药材？她笑着说，种了些太子参。去年的干参可以卖到40一斤，今年只能卖20，收入减少，疫情也出不去。

站在他们家的屋檐下，一行五人合了影。我们返回镇上。小古推荐当地小吃米皮，就在小古家的隔壁，一人吃了碗米皮喝了碗花生粥。

路上，我们三个讨论。精准扶贫，扶持乡村产业，让很多人受益，脱离贫困。供出一个大学生，就能解决一家的贫困问题。疫情又影响着各行各业千家万户，脆弱的收入渠道，耐不住风雨，稍有风吹草动就会返贫受困。咱们做学生资助，要把一线法则贯彻始终，到学生一线，了解一线学生的实时情况，才能精准识别，动态调整，精准资助。

同一个地域，经济情况大体衡定，人均收入大体相近。不过，反映在具体家庭中又有些微差别。三个家庭，一家务工，一家开铺子（单亲），一家务农，因疫情收入降低导致困难。低收入群体，难以承受更大的风险。作为高校学生资助工作者，不能躲在书斋里，行在象牙塔中，只有身到社会，身到底层，才能深刻领悟百年未有之大变局的大势，感同身受底层的烟火冷暖。否则，远离人间疾苦，无法接通来自低收入家庭学生的讯息，无视低收入家庭学生困难状况的变化，也就谈不上资助育人，更谈不上立德树人。

具体到资助对象，帮扶的群体，我们既要看到森林，开展普惠资助，也要见到树木，实施精准滴灌。

张斯民

协同创新视角下的辅导员工作室建设

引航辅导员工作室从 2017 年成立至今，经过了萌芽期、探索期、生长期、现在进入平稳的发展阶段。在工作室建设中，我们经常会发现工作室作为辅导员队伍建设的一部分，与协同创新理论在实践中多有重合。

协同创新起源于 20 世纪 70 年代，它强调创新主体之间的互动连接和集体创新，以协同创新的方式促进创新活动的发展。综合国内外学者观点，可以看出协同创新主要是指在一个系统中各子系统或各要素，基于共同目标，通过形成共享的观念，构建沟通机制，搭建资源共享平台，相互配合、协调一致，形成新的整体系统，产生新的协同效应的过程。

协同创新的过程，需要系统内各要素或子系统具有共同的目标，在一个开放的系统中形成良好的沟通机制，呈现非线性的作用。

对比辅导员工作室，工作室是一个系统，工作室的每一名成员均是系统内的参与各方。所以，在协同创新视角下，一个良好的辅导员工作室运转需要具备以下几个特征：

目标的一致性

目标的一致性是协同创新的前提条件。工作室参与各方基本都有基于自身利益的目标追求，这些目标往往是多元指向的，而协同创新就是要在各方之间建立协调一致的目标追求。所以在工作室建设时，工作室参与各方成员需要对工作室的定位有比较一致的心理认同。

系统的开放性

系统的开放性是协同创新的基本条件。系统内各方沟通渠道的畅通，资源、信息的共享，是保证和提升系统协同创新能力的基本条件。如果系统内各方没有交流，也没有信息资源的共享，整个系统就会处于停滞的状态，根本谈不上协同，更谈不上创新。所以工作室的协同创新发展，必然要求工作室成员之间保持彼此信息、资源共享的开放性。

机制的协调性

机制的协调性是协同创新的必要条件。进行协同创新时，势必会形成各种机制，如观念分享机制、信息共享机制、交流合作机制等。所以对于辅导员工作室来说，机制的建立也是必不可少的。这些机制可以保障工作室的正常运行不受参与各方影响，通过对各方的平衡协调来促进系统的协同创新发展。

作用的非线性

作用的非线性是协同创新的运行方式。系统内各方相互作用不是以线性的方式，而是以非线性的方式互相影响。所以协同创新系统的功能，并不是子系统的相互叠加，而是发生了质的飞跃。我们现在所达成的共识——辅导员队伍建设不能单打独斗，而是要抱团取暖，其理论阐释，也可以从协同创新的视角去理解。

毛晶玥

落实工作不能"一转了之"

转发不是落实工作，只是一次信息的传递，甚至连信息的交换都谈不上。交换，需要反馈，需要信息接受双方的确认。

毛泽东同志曾用过河要有桥和船的生动比喻，来说明干事方法的重要性。他说："我们的任务是过河，但是没有桥或没有船就不能过。不解决桥或船问题，过河就是一句空话。不解决方法问题，任务也只是瞎说一顿。"可见落实工作需要方法，实干不是蛮干，更不是胡干、瞎干，必须要实事求是、按照规律办事。转发不是工作方法。

接受任务以后，一定是结合具体的人具体的事具体的物统筹谋划，提出方法，推动落实。以辅导员工作为例，所服务的学生，文科和理科不同，艺术和其他学科也不同，男生女生不同，高年级和低年级也不同。同样的工作任务，同样的工作要求，在不同对象面前就会有不一样的反应不一样的结果，解决的思路也要有所不同。不顾实际，无视客观，上下一般粗的传达号令，不仅于事无补，而且适得其反。

接受任务以后，一定是在具体情况下的深入分析，准确研判，拿出办法，创造性地落实。以合格本科院校建设为例，双一流院校有它的高度，一般的大学有它的积累，我们既不盲目攀比，也不机械地比对，而是看到院校建设的规律，掌握合格本科院校建设中的一般过程，锚定目标，一步一步踏稳走实，在这个过程中，力求在原有的基础上有突破有进益有特色。

倘若不看信息内容，不加分析判断，不关注要求，只是埋头点击"转发"键，以为交差万事大吉，实际是懒政惰政，离题万里。做学生思想政治工作，尤要入脑入心，忌讳机械照搬。

张斯民

辅导员理论宣讲要讲好三种语言

作为高校辅导员，对学生进行理论宣讲是工作日常。理论宣讲，顾名思义，是针对党的某项政策理论进行宣传阐释。与演讲不同，理论宣讲更注重内容的政治性、思想性、理论性和导向性。演讲则侧重对某个问题鲜明地表达自己的见解和主张，演说的成分更大，表演的意味更足。

做好理论宣讲，辅导员义不容辞。要当好党的方针政策的宣传员。用生动鲜活的语言讲清党的主张，发动群众，扩大政策主张的受众面。要当好党的方针政策的讲解员。善于做群众工作，善于把党的主张变成群众的主张，引导群众，团结群众。要当好党的方针政策的司号员。伟大中国梦的实践，需要一代又一代青年人的接续奋斗。凝聚青春正能量，需要辅导员吹响集结号，号召广大青年学生同心同向，砥砺奋斗。

辅导员把握理论宣讲，要掌握三种语言。语言是思维的外壳，好的语言，能有效表达观点，唤起听众。我们一方面要在理论学深悟透上下功夫，另一方面要在善用语言活用语言上动脑筋，化平凡为生动。

一、讲好政言。理论的正确，来自表述的精准权威严谨周到。理论宣讲，理论要表述准确。宣讲中的主要观点，涉及的核心表达，必须牢记全文原话，不要自作主张、闭门造车，不要标新立异、生搬硬造，要尊重原文原典的神圣性。讲就讲清、讲准、讲对。

二、讲好方言。一味照抄原文，难免枯燥乏味。要善于把文本和学术话语转化为网言网语、方言俗语，用身边人讲身边事，百姓话讲百姓事。党的领导人都善于用晓畅明白的百姓话阐述深刻道理。比如，毛泽东说，一切反动派都是纸老虎；邓小平讲，不管黑猫白猫，抓住老鼠就是好猫。这些话通俗易懂，妇孺皆知，道理不言自明。

三、讲好青言。辅导员理论宣讲的对象是青年学生。青年文化是特殊的文化，是极具特点的文化，与主流文化既矛盾又对抗，既合拍又错杂。青年人有特殊的群体关注、集体记忆，有一套自己的话语系统。在什么山唱什么歌，面对青年人，要说青年话，言青年声，与青年共鸣共思共振。不要四平八稳，老气横秋，言语干瘪，面目可憎。善于讲青年人爱听的中国故事，故事中蕴含理论道理，引发青年人思索与探求。须注意的是，宣讲需要故事，但不是故事会，故事不是越多越好。

张斯民

如何开展辅导员网上理论宣讲?

近几年，辅导员理论宣讲在各大高校如火如荼地进行，不少高校也在探讨如何运用直播、短视频、慕课的形式，开展辅导员网上理论宣讲。诚然，面对90后、00后，如何推动思想政治工作传统优势与信息技术高度融合，是高校辅导员在网络时代必须回答的教育问题之一。那么怎样打造辅导员网上理论宣讲的云课堂呢？以下是笔者的一些思考。

举旗帜——讲清理论本质

不管是线上宣讲，还是线下宣讲，只有抓住本质的理论，才是彻底说服人的本质。首先，辅导员要始终坚持马克思主义的立场、观点、方法，讲清理论的本质。比如讲爱国主义，要讲清楚爱党爱国爱社会主义相统一；讲中国之治，要讲清楚中国之治的本质是制度之治，而制度之治的根本在于坚持党的全面领导，充分发挥制度优势。其次，辅导员网络理论宣讲要严守政治规矩，坚决防止导向错误，在大是大非问题上立场坚定、旗帜鲜明，对网络上的错误思潮举旗亮剑、敢于斗争。以上两点都要求辅导员要常学深学讲话、文件、精神，并将它们融会贯通、学以致用。

巧构思——创新讲述方式

在网络虚拟社会中，宣讲内容如果不能吸引学生注意，学生们就可以随时与宣讲人电子断交、离线。由于网络的去中心和反等级等特征，网络上的理论宣讲更多的是依赖"知识权力"去教育引导学生。灌输式的意识形态宣传教育和单调重复的、脱离实际生活的单向传播难以适应网络时代受教育客体的接受心理。所以网络理论宣讲还要注意巧妙构思，进一步创新讲述方式。一是要从小往大讲，比如讲新中国成立七十周年的伟大成就，就可以从学生视角切入，讲好我们身边变化；二是从下往上讲，通过与学生息息相关的小故事，引导学生一步步领悟理论本质。

新沟通——善用 00 后话语体系

00后大学生步入校园，带来了属于他们全新的话语体系。如果只运用思政工作中的理论话语和政治话语，在自媒体无息不载、无处不在、无一不想尽办法争取注意力资源的今天，很难再激起学生的兴趣。要针对00后大学生的话语体系，将思政工作中的理论话语、政治话语同00后的网络话语、生活话语有机地结合起来，通过鲜活、亲和的网络宣讲话语，叫醒学生的耳朵，激活学生的听觉，使其入脑入心。

妙制作——丰富传播形式

线下的理论宣传往往以演讲、文字的方式呈现，内容资源单调且轻创意，传播链条较短，受众规模有限，"爆款"理论产品稀缺。辅导员网络理论宣讲可以基于线下理论宣讲，在创意策划和多样态呈现等方面进一步做文章。通过理论宣讲视频的后期制作，将图像、音乐、文字等综合呈现在宣讲视频之中，多样态呈现理论魅力。

拓路径——用好网络传播渠道

在互联网时代，内容为王，渠道为要。要用好现代传播渠道，利用社交平台、短视频平台、热门 APP、资讯平台等渠道把精心打造的理论宣讲产品进行多渠道推广，使互联网这个变量变成理论传播的增量。

由于虚拟社会自身的特点，理论宣讲从线下走到线上，不仅仅是网络思政环体——宣讲空间的改变，也涉及到网络思政主体、客体和教育、传播方式的改变。在这样的背景下，怎样进一步创新和发展网络理论宣讲的相关理论和实践，也是网络时代一个值得关注和研究的话题。

毛晶玥

疫情攻坚战中，辅导员要扮演好这三种角色

2020 年疫情席卷中国，广大党员、干部冲到一线，心无旁骛，把每一项工作、每一个环节都做到位。疫情就是命令，防控就是责任。在这场疫情攻坚战中，高校辅导员除了掌握每位学生的健康状况外，作为高校学生日常思想政治教育和管理工作的组织者、实施者和指导者，还要牢牢守好自己的"责任田"，努力做学生的"强心剂""贴心人"和"定心丸"。

讲好三种关系，做学生的"强心剂"

辅导员作为开展大学生思想政治教育的骨干力量，疫情当前，要通过各种形式面向学生讲好"小我"与"大我"的关系。"何谓大我，我之群体是也。何谓小我，我之个体是也。"疫情中医护人员的逆行身影，一方有

难八方支援的温暖援助，除夕三十坚守工地的普通工人……他们都演绎了在当今中国，把自己的小我融入祖国的大我、人民的大我之中的生动实践。讲好"人"与"自然"的关系。恩格斯说："我们不要陶醉于我们对自然界的胜利，每一次胜利，自然界对我们都进行了报复。"我们习惯于歌颂人的力量，但也不要忘记人自身的自然属性——我们从自然中来，也将回到自然中去。讲好"人"与"自我"的关系。在资讯发达的今天，有关新型冠状肺炎的消息铺天盖地，宅在家中，很容易感觉到自己快要被淹没在各类消息中。要引导学生学会与"自我"对话，面对各类信息有自己的理性判断，及时疏解信息焦虑，学会情绪调整的小方法。

用好线上载体，做学生的"贴心人"

为了更好地控制疫情，各地实行了严格的疫情管控机制。在学校时能够用到的面对面谈话、召开主题班会等思想政治教育方法陷入了"失灵"状态，这个时候就要求辅导员老师要主动探索新的思想政治教育载体。90后、00后学生是互联网的原住民，辅导员可以借助线上直播软件或社交媒体开展系列疫情防控期间网络主题班会，做好学生思想政治工作，还可以运用打卡软件、微信、QQ 等网络载体，开展丰富多彩的线上活动。"防疫期间主题征文""防疫小知识问答""心灵广播"……这些线上活动让青年学生们在互动中进一步坚定共同打赢疫情攻坚战的信心，自觉遵守政府各项防疫安排，掌握防疫技能，保护好自己和家人。

做好咨询帮扶，做学生的"定心丸"

根据疫情防控的需要，考研复试、教师资格证考试、就业等多项涉及到学生切身利益的事项在这个特殊时期也做出了相应的调整。教育部等相关部门也已经相继发布了《关于做好新型冠状病毒感染肺炎疫情防控期间学生资助工作的通知》《关于推迟 2020 年上半年中小学教师资格考试和教师资格认定有关工作的公告》等通知。辅导员要熟读这些文件，面对学生在疫情防控期间的困惑和问题，做好"点对点"的咨询帮扶，把解决思想问题和解实际问题结合起来，做学生的"定心丸"。

疫情防控工作已经到了最吃劲的关键阶段。战"疫"号角已经吹响，辅导员在这个关键时刻更要守好自己的"责任田"，扮演好学生的"强心剂""贴心人""定心丸"三个角色，用自己的行动诠释使命与担当，为这次疫情大考交出一份满意的答卷！

毛晶玥

写在"木兰花开"女大学生成长营结营之时

　　今天"木兰花开"女大学生成长营结营，作为一直陪伴这个项目的老师，心中也感慨万千。女大学生是大学生群体里既普通又特殊的组成部分。之所以普通，是因为我们现在的受教育权等各项权利和男生并无两样；之所以特殊，是因为我们的这些权利放在历史的长河中来之不易。人类社会史上，人权的概念已有了200多年的历史，但人权概念在相当长的历史时期内并不包括女权。法国的《人权与公民权利宣言》和美国的《独立宣言》中，"人权"（rights of man）的含义只是男人的权利，不包含女人（women）。早在1791年法国大革命的妇女领袖奥兰普·德古热发表《女权与女公民权宣言》，女性主义运动就已经拉开序幕。《女权与女公民权宣言》开宗明义，认为："妇女生来就是自由人，和男人有平等的权利。"两年后这个宣言的作者就被她过去的男性同党推上了断头台。女权运动即是在这种背景下出现的，意为女人的人权，推动女人的做人之权从边缘进入主流，使女权成为整个人权的重要内容。

对于中国的现代女性来说，男女平等是中国的基本国策。1995年9月4日，联合国第四次世界妇女大会在北京举行。会上，中国政府第一次提出"把男女平等作为促进我国社会发展的一项基本国策"。平等的权利意味着平等的责任，多元的选择伴随着多重角色的挑战，男女平等既有赖于法律保障、观念转变、社会进步，也关乎女性的心灵建设与自身成长。但是我们同时也应该看到，关于张桂梅校长"全职太太"的论述的争论不休，清华学姐事件"女权"的争议也仍有回响……性别观念的演进，注定是一场充满辩证的、自我校正的、漫长的觉醒，它蕴含了对人类现有运行规则的永恒的思考。现代女性如何在平等中尊重差异，在差异中寻求平等，如何自洽、他洽，仍然是一个需要继续追寻的话题，也是我们"木兰花开"女大学生成长营每个营员要在活动中思考的问题。

"木兰花开"的系列活动有亮点，有活力。我们在实践中思考，在思考中实践。成长营带着大家一起去东沟为祖国庆生，一起参与"拥抱一日小孩儿"系列活动，一起聆听健康知识讲座，一起做职业生涯规划……这些活动针对女大学生普遍存在的思想价值引领问题、容貌焦虑问题、原生家庭问题、职业困惑问题都做出了诸多的尝试，让同学们去思考、去探索、去实践。

"木兰花开"女大学生成长营由十堰市妇联发起，社会机构和高校共同完成，我们付出这么多的努力，只为了一个目的，希望同学们能在思考中逐渐成长，在成长中融入思考，在关于女性纷繁芜杂的观点中有自己正确的判断与思考，在实际的工作和生活中有自己独特的方法和方式，转身成长为世界添光加彩、自我幸福感满满的美丽、芬芳、温暖的木兰花。

毛晶玥

加入学生组织学什么

寒假是一个学期的结束，也是一个新学期的开始。上学期刚刚走入大学校园的同学，轻松、新奇，对什么都感兴趣，对什么都充满了信心。一些同学选择加入学生组织，天天忙忙碌碌，跑前跑后。紧接着产生的问题是，加入学生组织的干部，不知道自己到底要什么，或者说不知道在学生组织里面学什么，以至于进入状态慢，适应环境差，不能得心应手，产生莫名压力。

加入学生组织，标志着大学生社会化的开始。大学生社会化是指大学生积极参与社会活动，在社会活动中磨砺心志，提升技能，取得社会角色。也就是说，加入学生组织是提前开始职业训练、社会锻炼，是提前开始社会化、进行社会化、完成社会化。一言以蔽之，大学生社会化就是职场开端，加入学生组织锻炼就是职业的实习见习，就是专业知识向技能素养转变的加工，就是能力快速提升的加速器、催化剂。在学生组织所干、所思、所想、所说、所交，全部是社会化的具体体现。明白了这个道理，加入学生组织学什么的意义和内容则相对清楚了。

加入组织的学生干部，首要的是学会与陌生人打交道的能力。团队形成战斗力，干部之间从陌生走向熟悉，进而知心交心，亲密无间，这需要学会和陌生人打交道；安排工作，和来自全校各个院系的同学交往，获得他们的支持，这需要学会和陌生人打交道；深入到社团、班级，进行广泛、宣传发动，让其他的同学了解学生组织、了解学生活动，推介自己，这需要学会和陌生人打交道。不敢和陌生人打交道，不善于和陌生人打交道，老是窝在熟人圈子，待在父母的臂弯里，满足于老师的眼光下，局限在师兄师姐的照顾中，新干部永远长不大。因此，进入学生组织，请学会克服害羞、胆怯，主动走出去，积极站出来，面露微笑地向所有同学介绍自己，展示自己。

加入组织的学生干部，还要提高自己的表达能力。介绍和展示离不开表达。开会需要表达，宣传需要表达，演讲需要表达，鼓动需要表达，汇报需要表达，总结需要表达……只要和组织有关，想获得生存，赢得支持，得到理解，统统靠表达。说出自己的意，表出自己的心，汇通同事的意，交流团队的情。一个优秀的管理者，一个好的学生干部，必定具备良好的表达能力。闷头干事，一言不发，毫不交流，这样的新干部个人沉重，团队皱眉；不讲方式，语言干瘪，生搬硬套，这样的伙伴不受欢迎，效率低下。春风满面，绘声绘色，这样的同事人缘最广，得力最多。进入学生组织，请学会勤于思考，认真观察，主动道出自己的想法，准确讲出个人的观点。

加入学生组织，必学的一课是用系统、整体的眼光去看待事物。想法一旦说出，观点一经形成，新干部往往囿于己见，难以转变，难以更改。这是加入学生组织后，最常见最易犯的毛病。究其原因，主要是新干部缺乏着眼整体的思维习惯。老是站在一面、一端、一点看问题，没有站在高山之巅，俯瞰山下景物，导致思维偏狭，认知浅化，只看到手头的事，只注意眼前的事，只关心自己的事。整体即全局，大局。学会整体思维，就会换位思考；学会把握大局，就会关注细节。大处着眼，小处入手，这是加入学生组织必学的一课。

加入学生组织，最重要一课是不怕吃苦、不畏困难。优秀学生干部和平庸学生干部的区别很多时候不是能力差距，而是吃苦、刻苦的距离。加入组织之后，当三天的热乎劲消退，每天签到，白天值班，晚上墙报，夜里策划，吓退了很多新干部。面对一丁点的困难，连办法都没有想，脑子都没有转动，就认为干不了，办不了，太累了。嘻嘻哈哈愉愉快快是学生组织的一面，另外一面是劳其筋骨，空乏其身，行拂乱其所为，过了这个坎，经了那些事，所以，动心忍性增益其所不能。

经历了一个学期，同学们会发现，加入学生组织真的没那么风光，一场精彩的活动，一篇篇完美的推送，一场场成功的论坛……背后是无数的汗水、努力和总结反思。在批评中成长，在反思中提高，组织和平台提供了快速成长的"催化剂"。但也要看到，外因总是通过内因起作用，所以想清楚自己需要在学生组织里学到什么。以问题导向来促进成长，是一个优秀学生干部成长的必经之路。

张斯民

独立思考，是匹夫有责的可贵品质

庚子年，始料未及的疫情开启旧历的新春。疫情防控牵一发而动全身，全城动员，全国动员，全民动员，迅疾成为正月的主流。战疫情，斗疫情，众志成城。

新型肺炎的防治牵动人心

从宣布发现新型冠状病毒感染的肺炎到疫情在江城扩散，迅速封闭人口超千万的大型城市，继而发展到整个湖北封城封村封社区，全国三十多个省市自治区启动突发公共卫生事件一级响应，消息震动。

自媒体体现了社交媒体人际交往的优势，频繁交互的特点。疫情信息繁杂，道路纷传，鱼龙混珠，眼花缭乱。海量的疫情信息，让人焦虑、愤怒、慌乱，甚至自嘲、无助，忧心不断上升的确诊病例，愤怒一线医务人员缺乏防护装备暴露在病菌之下，慌乱疫情能否快速止住有效防治，无奈之下，自嘲居家足不出户的无聊和无助。每一种情绪，都是应机的态度和选择，无可厚非。

让人费解的是，疫情严峻，有一部分人烹炸煎烤各路消息，抢先出头，博人眼球，率先卸责，吞食人血馒头；有一部分人无视疫情如军情，堆砌些温柔的文字，摇摆柔软的身段，说些云淡风轻不咸不淡的话语。

消费人血馒头的是利欲熏心，转移注意无视灾难的是责任尽失。遭遇此次瘟神劫难，岂能像鸵鸟一样把头埋进沙堆，充耳不闻？

家事国事天下事事事关心

身在抗击疫情的环境，观察每一个逆行前进的英勇，记录每一刻防控防治的努力；身在信息洪流的当下，吸收专业科学的知识科普和全社会回击疫情的选择，分析各路神仙的深切思考贩夫走卒的切肤感受芸芸众生的喜怒哀乐；身在防控疫情的档口，以自身力量主动参与、主动作为，从而形成思考笃定实践……不必逃离、不必抽身、不必害怕，既不做窝在家中无味吃喝的庸人，也不做在大事件中无聊自嘲的俗物，而是勇敢面对，独立思考，承担匹夫有责的使命，传承慷慨赴国难肝胆两相照的侠义豪情。

鲁迅先生说，希望我们陷身舆论漩涡时，沉着、勇猛，有辨别，不自私。无穷的远方与近火、无数的人们与怪兽，叫我惭愧，催我自新，并且增长我的勇气和希望。

这，是身处危难之际应有的姿态。

张斯民

疫情期间网络班团会怎么开？这三个词要重温

在全民抗"疫"这段特殊的时期里，团支部作为高校团结和联系广大青年学生的基层战斗堡垒，需要在这场战"疫"中最大限度地发挥它对高校学生的思想引领和行动指引作用。而团支部定期召开的班团会，作为团支部自我教育、凝聚人心、行动指引的方法、方式和载体，也需要更好地发挥它的功效。怎样在战"疫"时期间开好网络班团会，重温"因事而化、因时而进、因势而新"这三个词语，对我们开好疫情期间网络班团会有重要的指导作用。

因事而化——疫情当前，
要开好这五堂网络班团会

"因事而化"是指通过"事件""事理"为青年答疑解惑，来做好高校思想政治教育工作。危机是鲜活的教材，灾难是深刻的课堂。在高校思想政治教育中，如何把当前疫情防控中涌现出的大爱情怀、家国担当、逆行者精神等提炼出来，融入班团会主题中，同时针对这次疫情期间学生可能出现的种种状况，把解决实际问题和解决思想问题统一起来，因事而化，"守好责任田"，针对这些问题，我们应该开好这样五堂网络班团会：

第一堂网络班团会：爱国主义教育主题班团会。疫情防控的人民战争、总体战和阻击战是党领导人民抗击疫情的伟大实践，是一部鲜动生活、感人至深的爱党爱国和爱社会主义的实践大课，也是一本青年学子观察社会、洞察历史的"无字之书"。第一堂班团会要指引、引导青年学生上好这堂生动的爱国主义实践大课，读懂这本"无字之书"，把爱国情、强国志、报国行自觉统一到这场疫情大考中来。

第二堂网络班团会：疫情期间个人健康防护知识班团会。"新冠病毒是怎样传播的？""我们平时应该怎样预防？""口罩怎样戴？""普通人需不需要佩戴N95口罩？""洗手的正确姿势是如何？"……这些问题都与学生息息相关，即使是在返校后，也需要同学们时刻记住心中。通过事先准备健康知识视频、同学们班团会期间分组连麦演示讨论，可以加深对健康知识的掌握，为当前疫情防控和日后返校做好健康普及教育。

第三堂网络班团会：学风建设班团会。面对"停课不停学"，"学霸"选择了学完线上课程后默默加码，普通学生拖延症似乎又有些加重，"学渣"准备随时下线。同时也别忘了还有一类特殊学生，因为家庭困难或者滞留外地，没有网络或者缺少学习用品。面对疫情期间不同学生的不同学习情况和学习状态，要在班团会中做到集中辅导和分类辅导相结合。对于学霸类学生提供与专业相关的书单供参考，引导普通学生做好时间管理和克服拖延症的方法和技巧等，提醒在网课中经常不在状态的学生学业的重要性。而对于因为家庭困难或者其他特殊原因，无法进行网课打卡学习的同学，要及时了解情况，并上报学校申请特殊对待。

第四堂网络班团会：心理健康教育班团会。在笔者相继开的几次网络主题班会里，有的同学在群里笑称，和父母的关系已经到了临界点。实际上，疫情特殊时期的严格管控、紧张的社会氛围、长辈的唠叨日常和青春期的敏感叛逆交织在一起，很容易造成青年学生焦虑、紧张的心理情绪。在班会中引入心理健康教育的内容，可以让同学们了解调整心理的方法和技巧，知道社会和学校搭建的心理援助通道。

第五堂网络班团会：政策解读班团会。根据疫情防控的需要，考研复试、教师资格证考试、就业等多项涉及到学生切身利益的事项也在这个特殊时期也做出了相应的调整。教育部等相关部门也已经相继发布了《关于做好新型冠状病毒感染肺炎疫情防控期间学生资助工作的通知》《关于推迟 2020 年上半年中小学教师资格考试和教师资格认定有关工作的公告》等通知。考研、就业、专升本……面对学生在疫情防控期间的困惑和问题，做好"点对点"的咨询帮扶，把解决思想问题和解决实际问题结合起来。

因时而进——网络时代，要做到稳中有变

"因时而进"是指高校思想政治工作要紧跟时代的步伐，不断创新思想政治工作的方式、方法和载体。疫情下，我们对网络时代的感受会更加深刻。在我们平常的班会中，不管是环境中教室的桌椅安排，还是"师生共同在场"的真实感，都能够让学生们感觉到老师的权威。与线下班会不同，由于网络的去中心和反等级等特征，通过网线连接起来的云班会，如果主讲人不能吸引学生注意，学生们可以随时与主讲人电子断交。在这种

更多依靠依赖"知识权力",而不是行政权力去教育引导学生的网络班团会中,灌输式的意识形态宣传教育和单调重复的、脱离实际生活的单向传播再难以适应网络时代学生的心理。

所以在网络时代的云班会,并不是简单地把线下班会搬到云端,而是要稳中有变。一变思路。要做学生的朋友,而不是权威。选择虚拟交往中的艺术和技巧,充分利用线上线下班级同构、学习生活资源同步、教师学生交流同行等独特优势实现与学生的互动。二变语言,把学术性、理论性的语言转换成贴近学生的青春语言,扎根生活的鲜活语言,学生爱听的网络语言。三变讲述方式。一是要从小往大讲,比如讲逆行者精神,就可以从学生视角切入,讲好我们身边的学生志愿者;二是从下往上讲,通过与学生身边息息相关的抗疫小故事,引导学生一步步领悟理论本质,使思政教育的黏合力直达学生心灵。

因势而新——复杂形势下，要紧跟党中央决策部署

"因势而新"是指在高校思想政治教育工作中，要依据不同的形势来进行高校思想政治教育工作。

面对复杂的疫情防控形势，高校云班会主题和内容也要紧跟党中央的部署和安排，紧密结合不同时期疫情防控的新特点、新变化、新任务，把党和国家的声音通过班团会传递开来，引导大学生在不同时期的疫情防控中，都能坚定信心跟党走，同心构筑起疫情防控的青春长城。

毛晶玥

辅导员，你的倦怠从哪儿来？

辅导员积极性的调动，要靠同事间尊重感，职业本身的获得感，学生成长的喜悦感。

事与愿违，辅导员的职责虽然规定为九项，多而杂，细而密，但是如果这是把辅导员作为应急应季应景的万金油的借口，随意涂抹，随处使用，极大地消耗辅导员自身对职业的遵从。因为理想鼓动得越丰富，现实来得则越骨感。辅导员不能从根子上稳定的重要原因源于此。

辅导员定位在思想工作。思想工作建立在现实工作的基础上，解决思想问题总是与解决现实问题紧密相连。无休止地叠加任务，无底线地任人指派，无边界地道德绑架，辅导员从职业中的获得感越来越少，越来越低。抽样调查的数据显示，待遇并不是影响辅导员的第一因素，职业的疲惫感和倦怠感挫伤辅导员坚守的积极性。

　　所有的辅导员的共同体会是学生毕业前，满怀感激向你告别，是学生走入社会，还依然记得你当时讲过的三言两句是那么深的影响他，是学生远在天涯，还浅浅短短发了一通消息。只有爱和心，还能牵绊辅导员，除此，剩下的是无力的吐槽。

张斯民

辅导员工作室应着力解决学生现实问题

辅导员工作室，是辅导员职业化、专业化的平台。

工作室的概念，一般是指由几个人或一个人建立的组织，是一处创意生产和工作的空间，形式多种多样。有共同的理想，相同的理念，一致的愿望而共同努力的集体。

地位平等，利益均沾，又没有上下级之分，充分尊重，充分自由，相互切磋，相互讨论，启发思维，最终达到一致，提升认识。组织的形态弹性变化，绝无科层式的权威。

辅导员工作最大资源来自所带对象的多样多变多元，学生是最值得探究的群体。教育的理论的实践基础来自学生，"互联网＋"背景下，学生群体的变化超过历史上的任何一个时代。

准确把握群体脉搏的跳动，解决学生成长中的一个两个问题，不是为了达到什么理论，而是总结一套行之有效的实践经验，能够借鉴推广，这就是好的辅导员工作室，好的辅导员工作室的研究成果。

张斯民

什么样的学生活动不会"泯然众人"？

学生活动是学生第二课堂的有效载体，在丰富多彩、灵活有趣的学生活动中，学生们的知识和能力得到进一步的发展，但是办过学生活动的老师们也会发现，学生活动似乎越来越难办了，有的活动往往是组织者累死累活、参与者毫无兴趣。活动开展完了，似乎大家并不买账，组织者也备受打击。

那么，究竟什么样的学生活动才算有意义更有意思呢？结合 00 后大学生特点，去思考探索办好学生活动的某些规律，力争达到"花小力办出学生喜闻乐见的活动，花巧力办出社会公众受益"。

思考一：学生活动不妨做到"专业 +"。学生活动尽量和专业学习结合起来，利用自身所长服务他人，服务社会。和所学专业、技能巧妙结合的学生活动不仅能够做公益，并且还能让同学们在服务中锻炼自己、获得成就感，受到教育。

　　思考二：学生活动不妨做到"创新+"。学生活动从内容到形式上须善于创新。每一届学生的学情都不尽相同，针对学生的需求和特点，在原有的学生活动的基础上做到稳步改进，创新报名方式、组织方式和参与方式，调动学生的积极性、主动性和创造性。

　　思考三：学生活动不妨做到"互联网+"，华中师范大学万美容教授指出：当代大学生具有较强的优越感，非常在意外界投向他们的眼光。如果我们的学生活动能够因势利导、顺势而为，让同学们利用新媒体平台来晒一晒自己有意义的活动和作品，甚至运用新媒体直播的形式面向更多的师生开展在线互动，不仅是对活动本身的宣传，更能增加学生组织本身的魅力和附加值。

　　学生在大学读四年书，唯有那些能够留下的东西才最有价值。究竟有哪些学生活动能够真正对学生们的成长有益，值得我们进一步探索和整理。

毛晶玥

辅导员专业化职业化的一些思考

2013年8月，我走入学校，成为一名高校辅导员。从2013年参加工作，到2020年，现在已经7年的时间。7年的辅导员生涯，走过一些误区，有过一些思考，积累些许经验和教训。前不久做过一次线上讲座，今天借着上次讲座的一些整理的内容，把自己不成熟的想法与大家交流探讨。

辅导员工作的三个误区

第一个误区：辅导员＝打杂。辅导员平时的工作很繁琐，但是在繁琐的工作中，一定要坚持寻找自己的成长点。那么我们的成长点在哪儿呢？。第一个是学生的需求。第二个是立足于辅导员九大工作职责。在这两者之间的交汇处去寻找成长点。这个成长点可以看作是前进的目标，缺少了这个目标，就会陷入茫茫的事务性工作中无法自拔。在这样思路的指导下呢，我自己也在反思和总结辅导员工作。我发现很多学生虽然说是网络的原住民，但是网络素养令人堪忧。所以我在基于学生的需求和九大工作职责里面，找到了一个点，那就是大学生网络素养教育。之后四年的时间里，我一直立足于高校学生网络素养教育，做了理论和实践方面的一系列探索。举办了系列的讲座，做了系列网络素养方面"大手牵小手"的活动，形成了诸如"保护网络隐私""网络礼仪""怎样去保护我们自己的网络隐私？"等系列课程。在这些实践的基础上又形成了自己的研究成果。

第二个误区：看重理论，轻视实践。这个原因很大程度上是因为辅导员职称评审的导向。但是我自己的经历告诉我，好的学生工作选题往往并不是出自书本，而是来自于学生工作的实践中。这样的选题和论文才是鲜活的，才是让编辑和评委耳目一新的。

第三个误区，埋头做事，忽视总结。以前辅导员的状态是做事，不看成果。但是不管是出于工作需要，还是个人成长的需要，都要树立"做事加上叙事才等于成果。"因为做事多少，也是有一定的载体的。不管是档案也好，还是文字材料，以后还是录音也好，它总是会依托一定的载体。如果有收集和总结的意识，这些材料就是成果。如果加入理论的建构，这些成果的体现形式可能是论文，是专著。如果是一般的叙事，这些成果的形式可能是案例集，是工作感悟。我之前看过一本书，是一个北京的十佳的辅导员的工作月历。这本书其实特别简单，就是把每个月要做的事情把它详细地记载下来。但是它形成书以后，这个成果就会让人觉得很震撼。原来辅导员的工作是这么专业化和职业化的一个工作。

打地基，搭主体、问初心——用工匠精神
做好辅导员工作

澄清了这些误区，我们辅导员专业化，职业化之路应该怎么走呢？我现在的一点思考就是用工匠精神去盖房子。怎么盖呢？首先是地基。地基一定是学生的需求和辅导员九大工作职责。学生的需求是第一位的，辅导员不能够忽略学生的需求，忽略学生的需求谈辅导员专业化、职业化，就是无源之水。

那么在这两个基础上呢，再去进行房子主体的搭建，房子的主体一定是能够让学生成长，又能够让自己成长。比如说我对网络的相关知识感兴趣，自己又有教育学的背景，所以我一直在坚持做网络素养教育方面的

理论和研究。那么你让我做一个别的话题，我可能不太感兴趣。所以我自己就选择了网络素养这一个主体去搭建。

把地基和主体搭建起来，一个房子基本上也盖起来了。一般的辅导员老师都会有成果，最起码一本书应该是都能够有的。那么如果要是再往上一步是，我还想再去多做一些事情，就是学习我们怎样把工作的经验跟理论进行对话。因为我们所有的经验背后一定是有理论去支撑的。怎样从经验观察一直到经验的总结再回到理论的建构，然后再回到经验方面，这就是我们所说的理论研究。

还有一些方面，就是我画在房子最左边的两点。这两点回答了"我们为什么要盖房子"和"怎样搭建这座房子"？

"我们为什么要盖房子？"其实说到底，我觉得最主要的动力是学生工作的情怀。我们学校有一个引航辅导员工作室，工作室里一共有七个小伙伴，我们曾经为了某一个问题，可以争论到12点，甚至说凌晨1点。为什么能够争论这么久，我觉得大家都有一种学生工作的情怀。这个也是我们最根本的动力。

还有一个动力是抱团取暖。在工作室里面，大家可以一起去分享，一起去交流。然后一起去总结一些失败和成功的经验，共同成长。因为天下学工是一家，所以在网络社群里、在工作室里的交流和沟通等等，这些抱团取暖的措施也是辅导员专业化职业化的保障。

7 年时光匆匆，谨以此文作一小结。

毛晶玥

不要做掉入消费主义陷阱的年轻人

"双十一"快要到了，我已经在 QQ 空间、朋友圈，和各种资讯 app 的推送中，嗅到了这场消费狂欢的气息。

某知名购物平台"双十一"预售时在微博上展示了 9 张双十一新词，如：憋出新财（为了全部清空购物车，四处攒钱只为憋出足够的资金），东山债起（过完双 11 后欠的卡债和东山一样高）等，还号召大家在预售开启之前预习一下。我看看评论，没有人提出反对的观点，大家都在轻松地调侃着能否再多送些优惠券。

只是，那些堆积在购物车里的商品都是必需的吗？买最新的"苹果手机"，是为了追求高科技；不顾自己经济水平，买一堆一年也穿不完的衣服、化妆品是因为青春等不了；借钱也要去满足女朋友的购买欲是因为这是证明爱你的方式。

在消费主义的大旗下，这些消费行为非但不会被认为是奢侈消费，反而会被包装成各种美好的事物，让你于情于理都无法拒绝。

然而，事实上，不管你有多少生活费，怎样努力做兼职，随着诸如双十一消费狂欢一次次的消费升级，到了月底，口袋里的钱一定是所剩无几，甚至还要负债前行。

更可怕的不仅仅是双十一，元旦、春节、情人节、儿童节……任何一个"对生命不可辜负"的日子，都可以变成消费的狂欢日。

当你心情糟糕时，需要一场完美的购物。当你心情愉快时，同样需要一场购物。

为了对得起自己的青春，你也必须消费啊："20岁看上的衣服，不肯花几个月的生活费买下来，到了三十，不嫌贵了，却已经不合适了。"

消费甚至和智商有关？看看这些标题：《聪明的女人，舍得为自己花钱》，《聪明的男人，舍得为女朋友花钱》。

和消费对等起来的，还有爱情：不给你买 YSL 的男朋友，是真的爱你吗？

在资本无孔不入、肆无忌惮的煽动下，买买买，变成了解决人生一切问题的办法。

只是，他们告诉你的钱应该怎么用，却不告诉你，你没钱了怎么办，还不起钱怎么办？

这种现象值不值得探讨？

美国学者杰姆逊曾经有一段称之为意识形态终结的言论："在过去的时代里，人们的思想、哲学观点也许很重要，但在今天的商品消费时代里，只要你需要消费，那么你有什么样的意识形态都无关宏旨了。我们现在已经没有旧式的意识形态，只有商品消费，而商品消费同时就是其自身的意识形态。"

意识形态并不是在这个时代消失了，而是意识形态已经深刻地嵌入和干预到了普通人的日常生活。

简单的买买买的行为，背后是消费主义的社会思潮已经呈席卷之势，侵蚀着我们的思想。

什么是消费主义？尤瓦尔·赫拉利在《人类简史》中描述到：消费主义告诉我们，想要快乐，就该去买更多的产品、更多的服务。如果觉得少了什么，或是有什么不够舒服的地方，那很可能是该买些什么商品（新车、新衣服、有机食品），或是买点什么服务（清洁工、心理咨询、瑜伽课）。就连每一则电视广告，也都是个小小的虚构故事，告诉你买了什么产品或服务可以让日子更好。

只是，真的更好了吗？

你看到的是，一场浩大的消费狂欢。你看不到的是，在浩浩荡荡的营销攻势下，消费主义和流行文化已经为你制定了完美的消费标准。

正如《穿普拉达的女王》时尚女魔头马琳达对初入职的安迪所说："好笑的是，你自以为选了一件不属于时尚界的衣服，而事实上，你所穿的这件毛衣就是这里整间屋子的人（时尚主编们）齐心为你选的。"

你通过消费想要获得的自由、追求和幸福，不过是接受了消费主义和流行文化的控制和压榨。

自我意识被吞噬，个人的意志就会显得尤其脆弱。女生太过容易会陷入"满足无尽购买欲才是幸福"的幻想中，而还在求学，没有经济能力的男生除了自己的购买欲外，还要被宣扬爱情的自媒体营销号死死捆绑，要求他们为女朋友的消费买单。

当你自以为幸福、自由、独立时，实际上已经身处牢笼。

消费并不能导致自我价值的实现，过度沉溺于消费只会陷于深不见底的物质欲望中无法自拔。

校园网贷让不少高校学生深受其害，从表面看，是网络双刃剑带来的负面影响，加上学生缺乏自制所致，深究却是消费主义这种思潮影响学生的必然结果。

在和越来越多的学生接触之后，我才发现，其实这个社会的价值观、生活方式、多元的社会思潮是怎样影响着我们的象牙塔。

微博、微信、抖音、小红书等自媒体上，一些展示自己外形、财富、品味的网络红人在利益的驱使下，大肆宣扬过度消费，将消费与个人尊严、幸福人生联系起来，如果信以为真，就会陷入对商品符号象征意义的无止境幻想中，并企图用消费实现自己的人生价值。

这些营销所针对的人群，很大一部分是正在建立起价值观、爱情观的年轻人们。正在上大学，或刚刚进入社会的他们，消费水平还达不到这些毒鸡汤所要求的精致生活（事实上，即使达到了，在营销攻势下，还会有更多的消费需求）。手机上同龄人所展现的光鲜靓丽，和现实生活中的平凡拮据，使这些年轻人陷入了无尽的焦虑，不惜花去自己的生活费，甚至借钱去满足对"美好生活"的幻想。

年轻的他们，在凶猛的社会现实里，意志还过于柔软，思想还不够笃定，最容易被带节奏和蛊惑。

这些，难道是那些鼓吹："年轻，就是要任性，就是要花呗。"自媒体和购物网站的运营者不知道吗？

我想，他们心知肚明。至于为什么这样做。大家都懂。什么？这样还要被扣上"误导年轻人"的罪名？呵呵，没有啦，我们只是在教这些年轻人如何精致地生活而已。

消费主义的凯歌正在不断溶解诸如勤俭、节约等中国人一直引以为傲的民族品质。

2016 年时，我们还在讨论"中国人均储蓄超 4 万，为什么你还不花钱？" 2017 年，新闻标题就变成了："中国人均存款 1.9 万，钱都到哪里去了？"

如果再不意识到这个问题，再不警惕，我们都会变成不知疲倦跑轮的小白鼠，在自以为得到的自由和资本的操纵中疲于奔命。

学会形成独立的消费观，学会谨慎地选择我们自己地生活，不迷惑在生活的诱惑当中，不用消费来物化自己，这些都是我们在日常生活中必须具备的意识。

消费并不是衡量幸福的标准。幸福有很多种，精致地活着是一种幸福，粗糙地活着也是一种幸福。

事实上，一个人是否幸福，是他自己内心对自我心理感觉的一种定义，并没有单一的标准，它可以从人生的起伏里体会，可以从动人的眼神中溢出，也可以从知识的累积里爆发。

怎样过你的人生，该由你来决定。不应该由接受赞助的自媒体、不应该让那些不断让你买买买的购物网站告诉你。

嘿，你是那个已经掉入消费主义陷阱的年轻人吗？

毛晶玥

怎样写一篇辅导员工作案例

　　辅导员在日常学生事务管理工作中触及最多、最广就是学生工作案例。一个好的案例分析，阐释了学生工作的思路和理念，展现了解决方法和策略，最能够体现辅导员工作能力、水平和经验。

　　学生工作案例分析，从本质上讲，是运用思想政治教育及相关学科原理、方法、策略等，解决学生在成长发展过程中遇到各类矛盾的全景式描述。

　　在案例分析中，基本上可以凝练出五大块框架：判断问题、关键点、解决思路、处理过程和反思，它们也构成了认可度和使用频率较高的案例分析基本框架。

判断问题

　　判断问题准确是案例分析的前提。如果对一个案例判断偏差，会导致案例分析脉络模糊甚至出现偏离主题的情况。问题定性要有一定的概括性，不重复案例中的内容，而是具有一定的抽象性和透彻性。比如我们常见的案例分析有人际交往问题、发展性心理辅导问题、障碍性心理辅导问题、学习动力问题、日常管理辅导问题等。

关键点

关键点是支撑"解决思路"和"实施举措"的发散点。从具体的案例中迅速抽离出关键点，是解决思路正确的先决条件。关键点可以是选取案例中的关键词句，也可以是从案例中提炼出解决问题的关键所在。

解决思路

解决思路应围绕关键点展开。解决思路上承接关键点，下统领处理过程。如在失恋问题上，如果关键点选取的是"恋爱心理偏差"，那么解决思路就应该是"进行正确的恋爱观引导"，处理过程则应有"加强恋爱价值观和责任意识教育"。

处理过程

处理过程是对解决思路的呼应，也是最能考验辅导员实际工作能力的内容。围绕处理过程，设计系列有针对性、可操作、有效果的实施举措，是案例分析的核心。

反思

反思是案例分析的升华部分。考验辅导员透过现象看本质，最能够考察辅导员的理论水平和平时的思考积累程度。好的反思能够为全局举一反三、起到触类旁通的作用。

在案例分析中，一名优秀的辅导员能够运用教育学、心理学、职业生涯规划和学生日常事务管理、相关法律法规等方面的知识和技能，为学生的成长成才化解矛盾。同时，案例分析也体现了辅导员清晰的逻辑思维和面对突发性、群体性危机事件的预警和处理能力。

毛晶玥

青年辅导员的四个"必须"

青年辅导员老师是服务和管理大学生的中坚力量，如何做好我们的工作，实现个体的职业发展，是每个辅导员都应该思考的问题。基本的几点，我认为必须要做到勤奋学习本事、敬重岗位职责、热爱所有学生、维护学校发展。

其一，必须要勤奋锻炼本事。

辅导员老师要有本领，这是最关键的。辅导员要做大学生的引路人和知心朋友，需要真本事，才能担得起这份责任。一是要有宽口径的理论知识。学生思想引领、党团建设、心理危机等等，都是日常工作，因此要普遍地掌握思想政治理论知识，教育学心理学知识，要指导学风学业建设，还要懂一些所带专业学生的专业知识，才好针对性地做好服务，才能和学生在学业上有话说。二是要有比较扎实的办公操作技能。辅导员工作事务繁杂细致，涉及大量的统计整理工作，因此办公软件技能要熟练，否则工作效率会极其低下。生活在互联网时代，服务于网络原居民，很多工作要在线上完成，因此微博、QQ、微信公众号等等要能玩转。三是要有过硬的组织实践能力。各项工作能够有条不紊地组织实施，能够选拔培养优秀的学生干部，奖惩分明，公道正派，有威信。四是要站能讲、坐能写。大学生热情，有活力，但是不爱研读文件通知，因此，在做思想引导和具体工作时，辅导员要能够以他们喜闻乐见的方式表达出来，有站位又接地气，有条理又不失幽默，会提炼又能抓重点；要会写网文、写通知，善于总结工作经验，形成文字；要能做一些研究，出一点科研，讲得明白，写得出来。五是要有主动学习的意识。教与学，是教书育人一个问题的两个方面，当今时代，新理念、新技术、新方法不断更新，要多看书、多学习、多实践，才能跟上时代步伐跟上学生步伐，这是有本事的来源。

其二，必须要敬重岗位职责。

学生无论有什么事，第一个想到的是问辅导员，学生到每一个部门，首先都会被问一句"你的辅导员是谁？"，由此可见一斑。辅导员老师和学生相处最多，接触最广，一言一行，一点一滴，都影响到自己的每一个学生，这种影响是持续的，深刻的，超出我们预料的，可谓任重道远。青年辅导员老师，处在由对岗位的初始热情到可能转换为厌倦疲惫的状态，要保持对岗位的一贯负责和持续劲头，就必须要敬重自己的岗位，对岗位心存敬畏之心。

一是思想认识要深入。对岗位、对职责，有明晰的认识，必须对标检验自己，珍惜工作，认真对待自己的工作，思想上的弦要绷紧。二是要勤勉工作。务实苦干，扎实勤勉，兢兢业业，不能敷衍了事、不能应付学生，完成好各项工作任务，有质量有成效。

其三，必须要热爱所有学生。

辅导员和学生是联结在一起不可分离的，他们使彼此成为可能。在职业生涯里，我们会遇到不同的学生，他们有着各种各样的特点。在这种情况下，做老师的以怎样的心态面对自己所遇到的每一个学生，是值得我们思考的课题。我想，为人师者，既教天下人，就该有教无类，就当以同样的眼光看待每一个学生，去热爱所有学生。这种热爱表现在，一是在态度上真诚的平等的看待每个学生，不搞冷热亲疏，以动态的眼光看待学生的变化发展，不带有色眼镜。二是在实际教育工作中，要对每个学生用心，表现好的学生要更加严格要求，再接再厉；需要成长的学生，则要指出他们的问题，促进他们改正。

其四、必须要维护学校发展。

学校和教师，一荣俱荣，一损俱损。作为学校的一员，学校总体发展好了，我们个体才有更大的成长空间和发展平台。学校有许多值得我们骄傲的地方，也有需要改进发展的一面。环境的、制度的、硬件的、软件的，方方面面，难以全部尽如人意。我们自身和学生都会有不满意的地方，而辅导员和学生接触最为密切，我们自己怎么看，会影响学生的看法；学生的想法我们怎么去引导，更关乎学校的影响和荣誉。

因此，作为辅导员，我们要主动维护学校发展。一是捍卫学校声誉，有荣誉感。要了解校情校史，知校爱校，增强主人翁意识，多做正能量宣传，拥有一双发现美的眼睛，并善于传递美，提升学校美誉度。同时，对于线上线下的不当言论，要善于指出，并敢于正名；对于学生的不满情绪，要及时引导。二是相信学校发展，有归属感。我们要对学校的发展有信心，这种信心表现在积极支持学校决策，积极参加各种活动。三是积极为学校做贡献，有成就感。做贡献不是说要做惊天动地的事，作为辅导员把学生带好，做好本职工作，学生思想端正、学风浓厚，安全稳定不出问题，升本考研找工作都能有发展，就是大贡献。

工欲善其事必先利其器，作为辅导员，岗位是平凡的，但职责是重大的；事情是繁杂的，但工作是艺术的；能量是有限的，但影响是长远的。我们必须把自己锻造好，才能在职业发展道路上坐得住，站得稳，走得远。

曾晓东

后记

　　高校辅导员队伍是一群在我国高校既普通又特殊的群体，他们的工作既平淡无奇又与众不同。学生在哪里，他们就在哪里，学生的需求在哪里，他们的工作就在哪里。久而久之，我们把工作经历记录下来汇聚成了学生工作的一本书——《学工手记》。工作手记是记录学生工作的重要方式之一，我们希望通过这种方式与学生相互借鉴、相互学习。在这里我们向各位作者表示由衷的感谢！感谢汉江师范学院为本书出版提供的支持！

　　汉江师范学院红星引航辅导员工作室自成立以来，致力于加强高校辅导员队伍的建设，从而促进学生成长成才，为党育人为国育才。我们将日常思想政治教育工作的点点滴滴，以手记的形式呈现出来，这本书是以工作室团队为主体的集体智慧与结晶。

　　本书由张斯民、毛晶玥编著，主要分工撰写如下：受团队委托，前言由张斯民、毛晶玥撰写，后记由王思源执笔。书中各篇具体是，张斯民撰写了25篇文章，毛晶玥撰写了 18 篇文章，王思源撰写了 4 篇文章，苗纯娇、曾晓东分别撰写了 2 篇文章，张文杰、彭涛、彭阳、张宇、付亚珍、肖笛对本书亦有贡献。

　　这本书不是我们的终点，而是新的起点。我们的育人之路任重道远，仍需我辈怀揣梦想，守正创新，脚踏实地，攻坚克难，一往直前。由于我们的水平有限，本书难免存在不当之处，恳请同行专家、学者及广大读者批评指正。

.